Serviço Social e Interdisciplinaridade

Dados Internacionais de Catalogação na Publicação (CIP)
(Câmara Brasileira do Livro, SP, Brasil)

Serviço social e interdisciplinaridade / Jeanete Liasch Martins de Sá, (Org.).
— São Paulo : Cortez, 2019.

Vários autores.
Bibliografia.
ISBN 978-85-249-2716-4

1. Assistentes sociais - Prática profissional 2. Direito e serviço social 3. Interdisciplinaridade em serviço social 4. Política social 5. Serviço social - Pesquisa I. Sá, Jeanete Liasch Martins de.

19-24025 CDD-361.3

Índices para catálogo sistemático:

1. Serviço social e interdisciplinaridade : Bem-estar social 361.3

Maria Paula C. Riyuzo - Bibliotecária - CRB-8/7639

Jeanete Liasch Martins de Sá
(Org.)

Jeanete Liasch Martins de Sá
Antônio Joaquim Severino
Edna Maria Goulart Joazeiro
Jane Aparecida Giorgetti Valente
Maria Virginia Righetti Fernandes Camilo
Camilla Marcondes Massaro
Fabiana Aparecida de Carvalho

Serviço Social e Interdisciplinaridade

São Paulo - SP

2019

CORTEZ EDITORA

SERVIÇO SOCIAL E INTERDISCIPLINARIDADE
Jeanete Liasch Martins de Sá (Org.)

Capa: de Sign Arte Visual
Preparação de originais: Agnaldo Alves
Revisão: Maria de Lourdes de Almeida
Diagramação: Linea Editora
Coordenação editorial: Danilo A. Q. Morales
Editora-assistente: Priscila Flório Augusto

Direitos para esta edição
CORTEZ EDITORA
R. Monte Alegre, 1074 — Perdizes
05014-001 — São Paulo-SP
Tel.: +55 11 3864 0111 / 3611 9616
cortez@cortezeditora.com.br
www.cortezeditora.com.br

Impresso no Brasil — março de 2019

Sumário

Apresentação

Jeanete Liasch Martins de Sá 7

A exigência da interdisciplinaridade na construção do conhecimento e na prática social

Antônio Joaquim Severino 13

Da interdisciplinaridade constitutiva do serviço social à ação interdisciplinar no ensino e na extensão

Jeanete Liasch Martins de Sá 37

Interdisciplinaridade na pesquisa: travessia e encontro

Edna Maria Goulart Joazeiro 63

A prática interdisciplinar no estágio supervisionado: a experiência do serviço de acolhimento em família acolhedora — SAPECA

Jane Valente 95

Interdisciplinaridade: a experiência do Grupo de Estudos "Sistema Prisional, Direitos Humanos e Sociedade"
Maria Virginia Righetti Fernandes Camilo
Camilla Marcondes Massaro 129

A intervenção do serviço social e a interdisciplinaridade no Tribunal de Justiça de São Paulo
Fabiana Aparecida de Carvalho 159

Sobre os autores 181

Apresentação

Trinta anos se passaram desde a primeira edição do livro *Serviço Social e Interdisciplinaridade: dos fundamentos filosóficos à prática interdisciplinar no ensino, pesquisa e extensão*. Várias edições se sucederam e a temática continuou despertando o interesse, o que demonstra a necessidade de se continuar pensando as disciplinas em sua reciprocidade e interação, desta feita, com o lançamento de uma obra diferente, que leva o mesmo título básico, mas busca atualizar e aprofundar a questão num novo momento histórico.

O conhecimento hoje, cada vez mais, deve ser capaz de apreender as partes e a totalidade, os problemas locais insertos no contexto global, no conjunto. Disciplinas fragmentadas, pulverizadas não dão conta de explicar e intervir num mundo complexo. Há que se fortalecer, portanto, as relações mútuas entre elas, colocando em evidência a indissociabilidade entre o múltiplo e o uno, as partes e o todo, a diversidade e a unidade.

Isto implica na interdisciplinaridade e na transdisciplinaridade, que se complementam, no sentido de se buscar e analisar o que está entre, através e além das disciplinas.

A inter e a transdisciplinaridade são hoje requisitos básicos para a formação profissional do assistente social e sua intervenção, tendo em vista o compromisso ético da profissão com a liberdade, democracia, cidadania, justiça e igualdade social, dimensões essas carregadas de valores que perpassam as disciplinas.

É importante destacar que o Serviço Social, enquanto profissão, se consolidou nos últimos anos, com conquistas teóricas expressivas e uma prática com ganhos evidentes em todas as áreas.

Na formação profissional, as Diretrizes Curriculares da ABEPSS para os Cursos de Serviço Social (2002) apontam claramente para uma "capacitação teórico-metodológica, ético-política e técnico-operativa", no sentido do trato rigoroso da questão social e de suas particularidades na realidade social, no trabalho e na ética, em uma perspectiva ontológica, crítica e dialética. Propõem ainda eixos transversais e destacam a necessidade da interdisciplinaridade no projeto de formação profissional, de modo a romper com a visão formalista do currículo.

Em que pesem tais diretrizes, muitas Escolas de Serviço Social acabam por adotar uma postura crítica em relação à sociedade, porém, ainda mantém um currículo organizado pela justaposição de disciplinas, sem conseguir modificar o caráter conservador do ensino. Falta-lhes a dimensão inter e transdisciplinar, que trabalhe os valores, a exigência ética e os desafios políticos na direção do projeto profissional. Sem isso, corre-se o risco de atribuir a determinadas disciplinas a "virtude" de promoverem, por si só, a capacitação para um agir profissional competente do ponto de vista teórico, técnico e político. Em decorrência, a formação resulta em uma somatória de conhecimentos cuja interconexão fica a cargo do próprio aluno.

A extensão, por sua vez, tem importância ímpar na promoção das ações inter e transdisciplinares, enquanto processo socioeducativo, cultural, científico e político. Nela, o projeto profissional ganha um espaço significativo, numa via de mão dupla: proporcionando interação transformadora entre a academia e o meio social imediato, articulando, ampliando o ensino, ao mesmo tempo em que o realimenta.

De forma indissociável do ensino e da extensão, a pesquisa ocupa, na formação e na ação profissional, papel significativo de articulação da teoria com dados da realidade e de mediação teórico-prática. Adensa conceitos, explicita e trabalha contradições, sistematiza e articula dados, busca novas perspectivas. Abre inúmeras possibilidades de investigações inter e transdisciplinares, facilitadas pela transversalidade que lhe é peculiar.

Outro elemento fundamental, na busca de transposição dos conteúdos da sala de aula e de aproximação com uma realidade específica, corresponde ao estágio supervisionado — espaço privilegiado para uma visão e atuação inter e transdisciplinar. Aluno/estagiário, supervisor acadêmico e supervisor de campo constituem, de acordo com a sabedoria milenar, o "cordão de três dobras, difícil de se quebrar", tão necessário para o fortalecimento da formação profissional vinculada ao projeto profissional e societário.

Já os espaços ocupacionais do Serviço Social no cotidiano da atuação profissional, sejam tradicionais ou emergentes, vão demandar do ensino, da pesquisa e da extensão, a problematização de suas expressões, bem como ações articuladas, com a contribuição das mais variadas disciplinas e profissões.

Um dos espaços sócio-ocupacionais do Serviço Social, que tem se ampliado significativamente, decorre da crescente judicialização no Brasil, com rebatimento nas políticas sociais e na questão social. Caracterizado pela contradição entre o controle do Estado e a afirmação e defesa dos direitos humanos e do direito à proteção social dos cidadãos, solicita cada vez mais a atuação do Serviço Social em interação com outros profissionais, seja no Judiciário, Defensoria Pública, Ministério Público ou nos Sistemas Prisional e de Segurança.

Diante desses grandes desafios, procurou-se coletar e socializar experiências interdisciplinares consideradas bem-sucedidas no ensino, extensão, pesquisa, estágio supervisionado, grupos de estudo e na ação profissional, a partir de fundamentos filosóficos da interdisciplinaridade, abordados pelo professor Antônio Joaquim Severino no primeiro capítulo desta coletânea, na dimensão axiológica e epistêmica de construção do conhecimento, passando também pelo etnoconhecimento e a interculturalidade.

Na sequência, a questão interdisciplinar no ensino e na extensão é por nós analisada com base na experiência da Faculdade de Serviço Social da PUC-Campinas, que, em mais de trinta anos, entre situações favoráveis e por vezes adversas, tem buscado trabalhar a inter e a transdisciplinaridade com base em modelos de organização curricular, seja por áreas de conhecimento ou modulação integrativa.

Digna de nota e compartilhamento é a experiência de pesquisa inter e transdisciplinar que extrapola a dimensão local e regional em direção a Universidades e Centros de Pesquisa europeus, mais especificamente da França, além do estudo multicêntrico Brasil, França e Argélia. O capítulo, de autoria da Profa. Edna Maria Goulart Joazeiro, demonstra que o Serviço Social vem sendo reconhecido, cientificamente, em grandes centros de pesquisa, por profissionais da própria área ou de áreas afins diversas e sua produção teórica tem se tornado robusta e expressiva.

Como trabalho inédito, divulgado internacionalmente, o Serviço de Acolhimento em Família Acolhedora — o SAPECA — é apresentado como campo de estágio supervisionado da Faculdade de Serviço Social na PUC-Campinas, desde a sua origem, pela assistente social Jane Valente. Por ali passam não só estagiários de Serviço Social como também de Psicologia e Pedagogia, atendendo crianças e adolescentes afastados da família, através de medida protetiva, colocados em famílias acolhedoras em caráter provisório, enquanto se dá atenção especial à família de origem buscando o retorno da criança, de forma protegida.

A outra experiência relatada pelas professoras Maria Virginia Righetti Fernandes Camilo e Camilla Marcondes Massaro corresponde ao cotidiano dos serviços e à práxis dos movimentos e das lutas sociais em defesa dos direitos humanos — espaço significativo para a formação profissional, que deixa à mostra as expressões da violência do sistema prisional e da sociedade brasileira. Esse fator levou a PUC-Campinas, em convênio com o Ministério Público Federal a organizar o Grupo de Estudos "Sistema Prisional, Direitos Humanos e Sociedade", através da Faculdade de Serviço Social e Faculdade de Ciências Sociais, numa perspectiva interdisciplinar, agregando professores e alunos.

Ainda no campo sociojurídico, desta feita junto ao Tribunal de Justiça de São Paulo — e a partir de uma análise criteriosa do serviço social e do judiciário num contexto de crise estrutural, o capítulo seguinte, de autoria da professora Fabiana Aparecida de Carvalho, ressalta o papel do serviço social, bem como a necessidade, os limites e as possibilidades de uma intervenção de natureza interdisciplinar, ocorrendo principalmente com as áreas que lhe são mais próximas — a psicologia e o direito.

Entre o projeto ético-político profissional, a realidade da formação e da intervenção do Serviço Social, há uma distância significativa a ser superada, especialmente no que concerne à organização curricular que vem se apresentando de forma fragmentada e desarticulada, como reflexo da divisão histórica das atividades humanas, imposta pelo modelo industrial. Essa fragmentação é perceptível em todas as dimensões da vida. As relações sociais acabam por reproduzir as relações de produção da sociedade capitalista, reforçadas pelo projeto de sociedade neoliberal.

Por outro lado, as práticas sociais cotidianas nesse mundo contemporâneo exigem uma formação cada vez mais crítica para o enfrentamento das contradições e a transformação.

O desafio está posto e exige que os profissionais, seja na área do ensino, seja na prática profissional enfrentem rupturas cognitivas, perceptivas e atitudinais e isso passa pela inter e transdisciplinaridade. A tempo e horas cabe a célebre frase de Fernando Pessoa: *Agir, eis a inteligência verdadeira. Serei o que quiser. Mas tenho que querer o que for. O êxito está em ter êxito, e não em ter condições de êxito. Condições de palácio tem qualquer terra larga, mas onde estará o palácio se não o fizerem ali?*

Jeanete Liasch Martins de Sá
Campinas, verão de 2019

A exigência da interdisciplinaridade na construção do conhecimento e na prática social

Antônio Joaquim Severino

Introdução

A proposta do relançamento desta Coletânea nasceu da inspiração de se retomar e atualizar a discussão sobre a presença e o papel da interdisciplinaridade na esfera da teoria e da prática do Serviço social, discussão posta no livro que, há exatos 30 anos, em 1989, fora organizado por Jeanete Liasch Martins de Sá, com o título *Serviço social e Interdisciplinaridade: dos fundamentos filosóficos à prática interdisciplinar no ensino, pesquisa e extensão*. O livro, de forma bastante pioneira, trouxe significativos elementos teóricos e práticos sobre essa temática, particularmente no campo do Serviço Social. A constatação de que a questão da interdisciplinaridade continua pertinente e atual, demandando mais desenvolvimento, levou a Editora e a organizadora a proporem a retomada e a atualização desse debate. De fato, como se pode constatar hoje pela extensa literatura sobre ela, a interdisciplinaridade continua sendo objeto de vivo interesse tanto no campo teórico como no campo da prática, em todas as áreas de conhecimento. Nestas últimas três décadas, alentados trabalhos foram então publicados, sob forma de livros; teses e dissertações foram defendidas sobre sua inserção nas mais diversas áreas de conhecimento e de intervenções práticas, bem como foram produzidos outros tantos trabalhos e ensaios publicados como artigos de periódicos ou divulgados como comunicações em eventos científicos, debateram sua importância. Enfim, coerentemente com o que dissera na primeira edição, a construção da categoria interdisciplinaridade era uma tarefa inacabada, e essa intensificação de sua discussão era mesmo o caminho esperado.

Discussão cuja continuidade se faz mesmo imprescindível, dada a onipresença da necessária dimensão interdisciplinar em todas as esferas do ser, do agir e do conhecer. Não se pode mais apreender o sentido da existência de todas as coisas, o sentido da prática humana, bem como do próprio modo de se abordar o mundo, sem se recorrer a essa perspectiva, única a dar melhor conta da complexidade dos objetos e da relação dos sujeitos a eles. Está em pauta uma condição intrínseca do modo de ser de todos os aspectos da realidade natural e sociocultural.

A categoria continua portadora de uma grande riqueza semântica, inserindo-se articuladamente nos âmbitos epistêmicos da construção do conhecimento e, consequentemente, na atividade de pesquisa, em todos os campos do saber, na esfera da aplicação do conhecimento nas diferentes práticas sociais e culturais, nas configurações curriculares, bem como na própria prática pedagógica. Em todas essas situações epistêmicas e axiológicas, o que parece estar fundamentalmente em pauta é a demanda pela unidade do saber humano frente à complexidade da realidade, em geral, e da condição existencial dos homens históricos, em particular. Com efeito, as múltiplas dimensões da existência real das pessoas, tanto no plano do ser como do agir, demandam uma igualmente múltipla e integrada abordagem, seja na perspectiva do conhecer, seja na perspectiva do valorar. Tendo o agir dos sujeitos humanos como referência básica o valor da dignidade da pessoa, na sua compreensão articulam-se necessariamente as perspectivas antropológica, ética, estética, política e cultural, o que demanda sua expressão interdisciplinar na esfera epistêmica.

Embora os campos específicos ao Serviço Social constituam o cenário temático da Coletânea, a discussão da interdisciplinaridade que ela propõe transcende esse espaço restrito, coerentemente com o próprio perfil dessa área, de profundo alcance antropológico, ao articular o existir humano individual ao mundo social. E é particularmente sobre essa articulação, da qual a interdisciplinaridade é legítima gestora, que se direcionam as reflexões trazidas por este meu capítulo. Com efeito, ele se situa nessa esfera abrangente, propondo alinhavar algumas considerações gerais que possam contextualizar teoricamente essa presença capilar da postura interdisciplinar em toda atividade epistêmica de pesquisa, na atividade pedagógica do ensino e na prática social envolvida na extensão. Trata-se de síntese de resultados de um esforço de atualização do esclarecimento dos sentidos da categoria, certamente enriquecida ao longo destas três décadas que se passaram. Ao reler o meu texto, avalio que suas linhas gerais continuam pertinentes e atuais, embora podendo ser reescritas com novas ênfases e enfoques. Por isso mesmo, o enfoque aqui continua sendo o de buscar explicitar, de forma mais detida, essa relação da interdisciplinaridade com a complexidade, aproveitando o ensejo para clarear os significados das categorias conceituais de que se tem servido, em nosso contexto acadêmico, para expressar essas dimensões. Tratar-se-á de se explicitar a presença necessária da interdisciplinaridade na articulação do epistêmico com o estético, com o ético, com o político no contexto pedagógico da formação.

A descoberta da complexidade do mundo dos objetos e da relação dos sujeitos

A tomada de consciência da dimensão de complexidade que marca todas as dimensões da realidade e da consequente exigência de um enfoque interdisciplinar para abordá-la adequadamente foi um processo longo em nossa tradição filosófica e cultural. Trata-se de uma conquista bem recente, em termos históricos. A tradição filosófica ocidental se instaura exatamente pelo esforço epistêmico, em suas origens, para esconjurar a multiplicidade sob a qual se dava a experiência subjetiva de percepção e apreensão do mundo objetivo. A filosofia nasce provocada pelo espanto frente à múltipla diversidade que confronta e desafia nossa experiência. E nasce buscando identificar a presença do uno frente ao múltiplo. (Severino, 1989, 1995a, 1995b)

Repudiando a multiplicidade, tanto aquela que se dá pela justaposição dos objetos diferentes uns dos outros como pela sucessão de estágios diferentes que decorrem da permanente transformação dos mesmos ao longo do tempo, a filosofia grega, que deu origem a nossa tradição cultural, instaura uma epistemologia cujo pressuposto fundamental é a unidade do ser e dos entes, caracterizáveis ontologicamente por uma irredutível identidade. Como assegurava o princípio aristotélico, todo ente é igual a si mesmo e diferente dos outros. Cada um tem sua identidade única e inconfundível. Por isso, mesmo o conhecimento desses objetos que constituem o sistema ontológico se dará pela apreensão desse núcleo identitário unificador de cada um deles.

Teve-se, assim, nessa fase metafísica da filosofia clássica ocidental, uma relação bastante clara entre o todo e suas partes. A totalidade do real é constituída por múltiplas partes, detentoras de suas respectivas identidades e relacionando-se entre si pela atuação que lhes cabe de forma predefinida pela sua essência. Identidade que se esvai apenas pela morte, pela destruição, mas que não sofre nunca alteração no plano substancial, a mudança sendo sempre um processo acidental.

A filosofia, praticada no bojo dessa metafísica clássica, exorciza assim os supostos perigos da multiplicidade mutante dos entes reais, segura de que debaixo da aparente mutação e da multiplicidade existe uma sólida base, única, sempre idêntica a si mesma, imutável, articulada num sistema bem-ordenado. E o conhecimento dessa realidade se dá também pela atividade epistêmica do logos racional, apto a descrevê-la como sistema ordenado que é um cosmos no qual não havia nenhum lugar para o caos[1].

A crença na necessidade de um modo de ser fundado na identidade, que se afirma como pressuposto ontológico radical, levou a epistemologia hegemônica no Ocidente a uma concepção e a uma prática do conhecimento de forma totalmente linear. Conhecer é ver uma ordenação lógica em que os entes se constituem para além das aparências, consideradas sempre enganosas, fora das sombras da caverna!... Para além do mundo sensível, podemos acessar um mundo inteligível, região iluminada dos significados que satisfazem nosso espírito sempre em busca de maior esclarecimento. O conhecimento será tanto melhor e mais profundo quanto mais nos levar à logicidade imanente do real, logicidade que lá está inscrita, ontologicamente, cabendo então à razão humana desvelá-la, em sua configuração plenamente geometrizada...

A referência à perspectiva geométrica nos conduz ao período moderno da filosofia ocidental. Embora a epistemologia vá avançar radicalmente em relação à sua expressão clássica, a perspectiva fundamental continuará a mesma. Com efeito, a filosofia moderna nasce de uma cerrada crítica ao essencialismo metafísico, sob o mote de que as essências, ainda que existissem, não poderiam ser conhecidas. Só podemos conhecer, efetivamente, os fenômenos! Mas, isso posto, apreendemos, com o novo método, que os fenômenos se organizariam ordenadamente, em conformidade com leis universais imutáveis, num sistema de

1. Cosmos, na perspectiva filosófica grega, designava o universo ordenado por regularidades e em harmonia universal, o universo organizado de maneira integrada, em oposição ao caos, que é o estado geral desordenado e indiferenciado dos elementos que caracterizaria o real antes de uma intervenção demiúrgica ordenadora. Na linguagem contemporânea, cosmos refere-se a uma condição em que impera uma organização ordenada, enquanto caos denota uma condição de desordem dos elementos.

relações causais constantes, regidas por leis preestabelecidas. E o real passa a ser visto, agora sob a égide da ciência, como um sistema mecânico de fenômenos, relacionados e articulados entre si, de forma determinística, onde não há espaço para a desordem, para o caos, para a exceção.

A ciência moderna, assumindo então a tarefa principal do conhecimento, constrói uma imagem geometrizada do real, envolvendo num mesmo processo tanto o mundo da natureza material como o mundo da vida. De novo, também para as ciências, na base da manifestação heterogênea, múltipla e mutante do mundo concreto, há uma ordem soberana que reina de forma imutável e inflexível; por trás da multiplicidade aparentemente desordenada há uma unidade ordenada.

Assim, é a mesma pressuposição de ordenação lógica que já se fazia subjacente nos mitos e se expressava claramente na metafísica. Sempre a mesma busca e aspiração por um princípio ordenador que garantisse ao todo da realidade sua condição de cosmos, de universo. Sempre o sonho de um universo plenamente ordenado, como um relógio que funciona bem...

É essa pretensa ordem perfeita que passa a ser questionada nos debates epistemológicos contemporâneos. Estamos começando a ver a realidade de uma maneira diferente, graças inclusive aos significativos avanços e conquistas da própria ciência, que de tanto esquadrinhar o mundo acabou por descobrir pistas desconcertantes (Pessis-Pasternak, 2003).

É igualmente nesse contexto que se pode inserir a especial contribuição de Edgar Morin com sua proposta de uma epistemologia da complexidade, que se propõe a superar as limitações ilusórias das epistemologias clássicas da metafísica e da própria ciência.

Nesse sentido, a epistemologia moriniana questiona as pretensões da epistemologia moderna, a começar pela ilusão cartesiana de acreditar que o conhecimento verdadeiro marcar-se--ia pelo máximo de clareza e distinção, características típicas da simplicidade. Foi dessa ilusão que decorreu a coerente proposta metodológica de Descartes de decompor o objeto em suas partes para melhor apreendê-lo e analisá-lo. Decompor para recuperar a simplicidade que se esconde sob a multiplicidade sob a qual se manifesta, em sua aparência.

Mas também avanços teóricos da própria ciência contribuíram para a tomada de consciência de que o real não é feito de harmonias, não é um imenso e tranquilo cosmos, mas um pluriverso impregnado de caos. A convicção que vai se formando ao longo do século XX é que forças físicas contraditórias são atuantes na configuração do próprio universo cósmico. Desde o seio da matéria, passando pela esfera da vida, o que se tem é uma grande tapeçaria onde fios intricados se cruzam e se interdeterminam.

O sistema do real não é apenas um jogo de ordem, um cosmos, ele envolve também a desordem, o caos. O mesmo se impõe ao sistema do conhecimento que não pode ficar apenas no plano da lógica e de uma racionalidade linear. Se o real é complexo, carece então de uma forma epistêmica de abordagem igualmente complexa. Uma epistemologia complexa, na qual razão e desrazão convivem em tenso e frágil equilíbrio.

Do ser ao saber, do mundo dos objetos ao mundo dos sujeitos

Esta condição de complexidade do ser e do conhecer exige, portanto, que as múltiplas disciplinas que atuam como mediações do saber complexo sobre o real trabalhem interdisciplinarmente. A complexidade do real bem como aquela da própria existência dos sujeitos exigem, para além de uma multiplicidade de abordagens, uma imprescindível interdisciplinaridade do conhecimento, ou seja, uma necessária integração dessas abordagens.

Mas em que sentido deve ser tomado o conceito de interdisciplinaridade? Para entendermos o seu sentido, precisamos partir da significação da disciplinaridade e, consequentemente, de disciplina. Termos que são procedentes da raiz latina *discere*: aprender, donde derivam igualmente *discente, discípulo*. Portanto, a ideia básica de disciplina é aquela de um conjunto sistematicamente organizado de conhecimentos sobre um objeto ou um campo de objetos; quando voltado para o processo de ensino e aprendizagem, entende-se bem a sua prevalência de uso e tratamento como componente curricular. Nesse contexto, sua organização pressupõe alguns critérios técnicos, regras técnicas do ensinar, que, na verdade, são regras do fazer. Fazer com planejamento, com método, sistematicamente. A apresentação dos conhecimentos, que devem ser ensinados e aprendidos, se feita com método, planejadamente, será certamente mais eficiente tanto no ato do ensino como naquele da aprendizagem[2]. Assim, o sentido mais corrente de interdisciplinaridade é o da possível integração articulada de várias disciplinas entre si, sentido que tende a prevalecer quando se trata de se pensar e praticar o currículo.

Devido à referência a normas ou a critérios técnicos, disciplina adquiriu ainda dois outros sentidos, correlatos.

---

2. Perspectiva que tem tudo a ver com a Escolástica clássica, que é responsável pelas primeiras iniciativas de organização dos conhecimentos para fins de ensino e aprendizagem, com o famoso currículo inaugural de Luciano Capella: o *trivium* e o *quadrivium* medievais. Mas que foi totalmente retomado e reforçado pelo positivismo, quando estavam em pauta o ensino e a aprendizagem da ciência.

Um, como conjunto de normas comportamentais destinadas a configurar um determinado modo de as pessoas agirem. Ex.: *A disciplina não era levada a sério pelos integrantes do grupo*. Outro como atitude procedimental adotada pela pessoa, em qualquer campo da prática (ética, técnica, política etc.). É como quando se diz: *Esta criança não tem nenhuma disciplina, ela é totalmente indisciplinada; Minha disciplina de trabalho deixa a desejar*. Sempre com a conotação de que se está seguindo ordem, regra, método.

Quando se fala de **disciplina**, tem-se, portanto, uma dúplice referência: a regras morais da ação pessoal ou a regras técnicas dos vários modos de fazer. Obviamente, o que está em pauta aqui é este segundo sentido, aquele que articula os conhecimentos de forma sistemática, metódica, com fins didáticos ou mesmo num plano puramente epistêmico.

Disciplinaridade é, pois, a característica da abordagem fundada na prática do conhecimento compreendido como emoldurado na disciplina, recortando-se assim determinada área, um campo epistêmico. É uma forma de estruturação e organização dos conhecimentos sobre determinados objetos sob a perspectiva exclusivamente epistêmica. Envolve a ideia de um corpo de conhecimentos, com uma configuração sistemática e uma metodologia rigorosa de construção. Modo de organização do conhecimento na cultura ocidental quando de sua vinculação direta aos processos de transmissão (via ensino) e de apropriação (via aprendizagem).

Mas, à medida que esse conceito é usado de forma assim abstrata, vai perdendo sua referência semântica ao ensino e à aprendizagem. O conceito fica com uma perspectivação exclusivamente epistêmica, em detrimento de sua funcionalidade didático-pedagógica. É por isso mesmo que também o conceito de interdisciplinaridade passa a ser igualmente manejado nos dois registros. Um relativo a uma desejável integração propriamente curricular, operando uma espécie de complementação integradora entre as disciplinas que compõem o currículo das diversas áreas de formação, na medida em que seu manejo pelo ensinante e sua apropriação pelo aprendiz se deem igualmente de forma integrada, intercomplementar.

Mas passa a designar também, agora num plano puramente epistêmico, a maneira como se dá a própria constituição do sentido de um objeto, de um evento ou de uma situação. Sob esse ponto de vista, o conhecimento interdisciplinar é a resposta tanto à complexidade dos objetos, dos eventos ou das situações, elementos que só são compreensíveis se o sujeito cognoscente levar em conta todos os aspectos neles envolvido, quanto à complexidade da via de acesso aos objetos pelos sujeitos. Manifesta-se assim a premissa de que um conhecimento simples não dá conta do significado completo do objeto.

Reconhece-se então que objetos, eventos ou situações são fenômenos complexos, irredutíveis a uma explicação simples, unívoca. Mas impõe-se esclarecer que não se trata de uma complexidade puramente estrutural, que parece encontrar-se presente de forma universal em todas as manifestações fenomênicas do real. É que para dar conta desse tipo de complexidade, que denomino como "complexidade estrutural", basta que o conhecimento seja multidisciplinar e não necessariamente interdisciplinar. O que está em pauta é uma "complexidade essencial", qualitativa, que é, aí sim, uma característica que gera a necessidade do enfoque interdisciplinar. É a realidade do objeto, do evento ou da situação que é complexa no que concerne a suas causas, a sua gênese, a seu desenvolvimento, não por mera justaposição de aspectos, mas pela sua integração constitutiva.

Dos pressupostos antropoepistêmicos da interdisciplinaridade: o etnoconhecimento e a interculturalidade

Para se tratar da questão da natureza e do papel da interdisciplinaridade nos tempos atuais, é forçoso retomar, de uma perspectiva antropológica, o sentido originário do conhecimento. Esta consideração se impõe antes de qualquer abordagem do conhecimento em ato, porque a atividade subjetiva humana não ocorre só por força de sua dinâmica intrínseca; ao contrário, ela depende de um condicionante radical que nunca pode ser ignorado. Trata-se de um *a priori*, não transcendental, mas existencial, concreto. Isso vale dizer, apropriando-me de contribuição dos matemáticos (D'Ambrosio, 1990), que o conhecimento humano é, substancialmente, um **etnoconhecimento**. Conceber o exercício da subjetividade como etnoconhecimento não é afirmar uma visão etnocêntrica[3] deste; ao contrário, é uma forma incisiva de questionar qualquer possibilidade de etnocentrismo. Fala-se de etnoconhecimento para indicar que todo conhecimento tem suas raízes no solo geográfico, social e cultural em que se encontram situados os sujeitos cognoscentes. Em decorrência disso, cada formação sociocultural tem necessariamente uma forma particular de se construir e de se expressar o seu conhecimento e que não pode existir uma forma única, universal, para essa expressão. É o que se busca igualmente traduzir com a afirmação da condição multicultural da espécie humana. Os agrupamentos humanos se espalharam pelos vários lugares do planeta (situação geográfica)

3. Etnocentrismo não designa um modo de ser do conhecimento, mas uma posição ideológica de quem toma os valores e princípios de sua própria sociedade e cultura como os únicos legítimos e universalmente válidos, podendo, por isso, ser impostos às demais sociedades e culturas.

em vários momentos (condição histórica), isolando-se assim uns dos outros, tanto espacial quanto temporalmente. Essa complexa distribuição dos grupos humanos foi sendo constituída ao longo do tempo histórico impulsionada por inúmeros fatores naturais e sociais, como hoje é sabido graças aos estudos biológicos, arqueológicos e antropológicos.

Sem dúvida, cabe reconhecer que, em que pesem essa separação e essa distribuição dos grupos, que permanece a unidade básica da espécie na esfera de sua constituição biológica, condicionada pela própria evolução filogenética. Trata-se de um filo de seres vivos, primatas superiores, que se identificam pelo mesmo código genético. No entanto, esta identidade unitária da espécie, garantida sua condição biológica comum, não assegura nenhuma unidade cultural. É que a expressão cultural dos grupos humanos não é decorrência mecânica do código genético da espécie, ela é produto da relação da subjetividade dos homens com as condições objetivas do mundo, naturais e sociais, de sua existência. Isso faz com que cada grupo desenvolverá uma cultura singular, fruto de sua experiência comunitária. O exercício do conhecimento faz então parte inerente dessa experiência, pois ele integra o próprio processo de construção da cultura. Formaram-se assim, na superfície do planeta, tantas culturas quanto foram os grupos sociais que se constituíram em tempos e espaços específicos. Daí se falar de multiculturalismo. O mundo humano se configura como formado por um número elevado de culturas peculiares, culturas específicas, singulares, diferentes umas das outras. O tecido da vida cultural humana das diversas sociedades se estende, como membrana envolvente, sobre o planeta com um amplo espectro de uma multiplicidade polifônica de culturas diversas.

Mas essas múltiplas culturas, pelas próprias exigências da vida, acabam rompendo seu isolamento, entrando necessariamente em relações recíprocas, num relacionamento que se estreita cada vez mais, como se vê, numa exemplar nova experiência, no bojo do atual processo de globalização econômica e cultural. Só que o processo do relacionamento dessas culturas entre si nem sempre se dá de modo harmonioso, até em função da tendência das culturas mais fortes de se imporem sobre as mais frágeis, a se configurar como cultura hegemônica, como se fosse uma cultura superior, digna a ser respeitada como cultura universal, e, portanto, única. Ao querer se impor sobre as culturas diferentes com que vai se encontrando, ela se posiciona como uma monocultura, criando uma situação de monoculturalismo, afirmação prepotente e arrogante de que ela é a única cultura legítima e autêntica, sendo portanto universal. E, como tal, se arroga o direito de dominar ou mesmo de eliminar as outras culturas. É por isso que todo processo de colonização econômica sempre se fez acompanhar de igual dominação cultural.

> O conquistador não deixa o conquistado se manifestar. A estratégia fundamental no processo de conquista de um indivíduo, grupo ou cultura [dominador], é manter o outro indivíduo, grupo ou cultura [dominado] inferiorizado. Uma forma, muito eficaz, de manter um indivíduo, grupo ou cultura inferiorizados é enfraquecer as raízes que dão força à cultura, removendo os vínculos históricos e a historicidade do dominado. Essa é a estratégia mais eficiente para efetivar a conquista (D'Ambrosio, 1990, p. 149).

O que ocorre, nesse processo, é que entra em cena uma nova dimensão que perpassa a existência humana: a presença do poder. O exercício do poder que viceja no corpo social e impregna todas as relações humanas atinge também as culturas e, consequentemente, seus elementos fundamentais, como é o caso do conhecimento.

Consideradas estas premissas, quando está em pauta a discussão da interdisciplinaridade do conhecimento, não se pode pensá-la sem uma estreita ligação com a exigência da interculturalidade. Isto quer dizer que a relação interdisciplinar deve se dar na esfera de um processo de etnoconhecimento e de interculturalidade.

Enquanto a condição de etnoconhecimento afirma a gênese local de toda experiência subjetiva, a condição intercultural demanda a necessidade de sua interação com as experiências das outras culturas. Abordada abstratamente, a interdisciplinaridade acaba por se comprometer com formas supostamente universais de conhecimento e se transformar numa mera imagem falseada da integração do saber, fazendo um jogo do poder. (Tavares, 2016, p. 31) Antes de se praticar, a interdisciplinaridade, para ser uma prática legítima, pressupõe a descolonização dos saberes, a emancipação das formas oprimidas dos saberes locais; o conhecimento no âmbito do qual ela procederá deve ser um etnoconhecimento, ou seja, legitimamente construído pela logosfera local dos sujeitos que o compõem histórica e socialmente situados em sua respectiva cultura singular. O conhecimento é germinado no seio de uma logosfera específica, que atua ao lado de outras tantas logosferas germinadas no seio das várias culturas.

E, por isso, não se trata mais de se diluir numa suposta expressão única e universal de conhecimento, ao contrário do que tem ocorrido com a indevida afirmação da universalidade do conhecimento, científico e filosófico, na cultura ocidental, o que não passa da imposição forçada de forma eurocentrada do saber. Mas também não se trata, para cada cultura e sociedade, de se isolar num pensar autossuficiente e incomunicável, que não estabelece pontes com outros pensamentos. O caminho viável é o de um discurso dialogante, que supõe a alteridade e com ela estabelece comunicação. O diálogo filosófico se constitui no seio da matriz de um diálogo intercultural... Inspiro-me, para sustentar esta posição, na consolidada obra de Raul Fornet-Betancourt. Para ele, interculturalidade é

> [...] aquela postura ou disposição pela qual o ser humano se capacita para, e se habitua a viver "suas" referências identitárias em relação com os chamados "outros", quer dizer, compartindo-as em convivência com eles. Daí que se trata de uma atitude que abre o ser humano e o impulsiona a um processo de reaprendizagem e recolocação cultural e contextual. É uma atitude que, por nos tirar de nossas seguranças teóricas e práticas, permite-nos perceber o analfabetismo cultural do qual nos fazemos culpáveis quando cremos que basta uma cultura, a "própria", para ler e interpretar o mundo (Fornet-Betancourt, 2004, p. 13).

Na minha perspectiva, a postura intercultural pressupõe a admissão de que o conhecimento humano se enraíza em contextos histórico-sociais bem concretos das diferentes culturas, não procedendo condoreiramente de um logos universal que dispensasse qualquer vinculação às culturas singulares.

É por isso que se faz necessário reconhecer e valorizar as expressões culturais particulares de todos os agrupamentos humanos, não só por uma razão epistemológica, evitando assim todas as formas de etnocídio epistêmico, mas também por razões éticas e políticas, pois sem a garantia de sua identidade, as pessoas humanas não podem ser autônomas, livres e emancipadas.

Trata-se então de praticar um universalismo crítico, segundo o qual cada cultura é vista e avaliada em sua qualidade específica e em função da contribuição que pode dar para a construção de uma cultura universal.

Cada cultura particular consolida sua identidade na medida mesma em que pode contribuir para o aprimoramento da cultura universal a ser construída historicamente, pois esta não é ainda dada, portanto, na medida em que participa da implementação de um projeto antropológico de construção do humano, esta sim uma tarefa universal, pois se trata do delineamento de caminhos de condução do destino de toda a humanidade. Dessa perspectiva antropológica, impõe-se concluir que a busca do sentido do existir humano não é um processo de descoberta de uma determinação dada pela sua origem, como se decorresse de uma causa eficiente; ao contrário, o sentido deve ser construído prospectivamente, sob uma dimensão teleológica, na medida em que nos cabe cuidar de nosso destino, a ser projetado a cada momento histórico e a ser construído ao longo da história.

Não há como não reconhecer, implícita nessa postura filosófica, uma crítica à hegemonia da racionalidade ocidental e a afirmação da necessidade de se implementar práticas de racionalidades silenciadas pela dominação epistemológica da filosofia do Ocidente europeu. E a necessidade de se investir numa crítica ao eurocentrismo exacerbado e na simultânea descolonização e emancipação dos saberes das culturas das sociedades.

E é nesse contexto que se deve entender o papel pedagógico do relacionamento entre as peculiaridades das diversas culturas que convivem num mesmo contexto espaço-temporal. Não basta sustentar uma tolerância em relação às diferenças dos outros. Mas de se estabelecer uma aproximação e uma troca mutuamente enriquecedoras. Conhecer a cultura do outro, para entendê-la melhor, sempre buscando extrair dela uma contribuição para a autoavaliação de nossa própria cultura, tentando ver como ela pode estar participando da configuração de um projeto comum.

A interdisciplinaridade é uma postura fundamentalmente epistêmica; mas ela só ganha autenticidade, legitimidade e fecundidade se se exercer sobre as bases antropológicas do conhecimento. Só assim ela pode ser tornar modalidade adequada de expressão da complexidade do real, dimensão da qual faz parte o reconhecimento e a articulação entre as múltiplas culturas singulares.

Interdisciplinaridade e educação: do ensino à formação

A educação, em seu sentido mais profundo, é prática mediadora privilegiada para a formação humana, e se entendida sob esse conceito, é preciso que a prática educacional seja vista como processo que implica uma necessária interdisciplinaridade, tanto sob o aspecto de sua compreensão teórica como sob aquele de sua realização prática. Por isso mesmo cabe enfatizar, já de início, que a esfera curricular não é o espaço exclusivo nem principal do processo educacional. Ao contrário, são múltiplas as condições que determinam a natureza interdisciplinar da educação, todas elas vinculadas à condição fundamental da complexidade do existir histórico da espécie humana.

Desse modo, a educação exige um tratamento interdisciplinar pela própria natureza de seu objetivo fundamental, qual seja, o da formação humana. Essa formação só pode ser compreendida como construção do humano. Formação que não deve ser pensada e praticada como mero enquadramento do homem numa forma, mas como o suscitar e o desenvolver de dimensões existenciais que caracterizam a especificidade do modo humano de existir. O ser humano é um vir-a-ser, um ser em devir que se constrói historicamente, não lhe bastando nascer biologicamente na espécie. Não há como isolar momentos e situações nesse processo, nem como fragmentá-lo, separando seus distintos tempos e espaços.

Ademais, a exigência da interdisciplinaridade se faz imanente à educação em decorrência da principal ferramenta específica do ato educativo. Este ato pressupõe o conhecimento como ferramenta insubstituível para o desvendamento da realidade e de seu domínio pela tecnologia, desde que o conhecimento seja visto como desenvolvimento de todas as capacidades subjetivas e operativas do homem, num processo que deve caracterizar-se pela competência, pela criatividade e pela criticidade.

Exige ainda um tratamento interdisciplinar para a educação o pressuposto de que a prática educativa depende intrinsecamente de um projeto educacional para ser fecunda e eficaz. A educação só pode realizar-se num campo magnético de força de um projeto educacional, onde se articulam fins e meios, programas e ações, que encarnem os objetivos intrínsecos da intervenção pedagógica; é nele que se articulam os projetos existenciais das pessoas e o projeto político da sociedade.

Desafio fundamental que é posto à educação, entendida que deveria ser como a síntese prática da lucidez da sapiência e a escuridão da demência, baliza para a condução do processo permanente de construção do humano, como nos alerta Morin. Investimento inexaurível na construção de sujeitos autônomos, imanentes ao mundo da vida, mas capazes de ressignificá-lo à luz transcendente da esfera dos sentidos.

Concluindo: a interdisciplinaridade transdisciplinar

É o diálogo articulando os diversos olhares de diversas disciplinas. É da ordem do conhecimento *lato sensu*. Do conhecimento confrontado com os objetos. Daí se entender que as iniciativas de ensino que se esforçam para se realizar impregnadas pela interdisciplinaridade buscam construir seus currículos com componentes temáticos, em vez das clássicas disciplinas. A disciplinaridade permanece apenas nos componentes metodológicos, enquanto todos demais componentes se configuram como conteúdos temáticos, como núcleos de objetivos e problemas reais dos quais se visa aproximar através do conhecimento. É o que podemos ver na proposta defendida por Martins de Sá na Coletânea original (2008, p. 52-54).

Do ponto de vista antropológico, o conhecimento é integralmente interdisciplinar. Isto quer dizer que conhecer, ser e agir são três dimensões da condição humana que se integram totalmente, e que esta tríplice integração se retorna no processo do ensino/aprendizagem, de tal forma que pesquisa, ensino e extensão se unem igualmente num processo integrado, que só se decompõe artificialmente em decorrência das limitações de nossa faculdade de apreender e significar as coisas. Mas, no processo real, objetivo, ensino, pesquisa e extensão são interdependentes entre si. Pesquisa é o processo epistêmico por excelência, na medida em que produz o conhecimento; ensino é o compartilhamento pedagógico do conhecimento produzido e do próprio processo de conhecer, enquanto a extensão é o retorno social dos resultados do conhecimento. Não pode haver ensino nem extensão sem pesquisa, pois sem ela não haveria conhecimento efetivo. Mas só podemos fazer pesquisa graças à dinâmica epistêmica de nossa subjetividade. É sob essa perspectiva, considerada como aquela especificamente epistêmica, que falamos, estrategicamente, de conhecimento, mas esta atividade subjetiva não teria nenhum sentido se não fosse sua destinação, que é a vida social, a razão de ser do conhecimento é justamente a intencionalização da prática humana. Esta é a perspectiva já presente no ensino, mas sobretudo necessária na extensão, onde se expressa a vinculação da teoria com a prática, do conhecer com o agir. Já a perspectiva especificamente pedagógica lida com o processo do conhecimento, garantindo a inserção de todos os sujeitos na esfera do processo epistêmico, inserção que já é feita mediante a própria atividade investigativa (pesquisa) e extensionista (prática).

Como se vê, essa exigência de integração no próprio processo cognoscitivo é análoga à exigência da interdisciplinaridade, que, por sua vez, é exigência intrínseca da complexidade, que se manifesta como condição constitutiva de toda a esfera do real. Mas, para subsidiar nossa compreensão dos diversos aspectos da realidade, somos levados a destacar cada uma dessas perspectivas e falar, separadamente, da interdisciplinaridade na pesquisa, no ensino e na extensão, desde que não percamos de vista que, na vida real, estamos diante de um único e mesmo fluxo.

Assim, no caso da pesquisa, a postura interdisciplinar se impõe em decorrência da própria condição de complexidade de todos os objetos de nossa experiência. A construção do conhecimento, objetivo intrínseco da investigação científica, pressupõe levar em conta a inserção de cada objeto numa totalidade, ele é sempre parte de um todo e não pode ser adequadamente compreendido se isolado dessa rede de relações. Para se aprender então o ente inserido e articulado nessa trama, o olhar subjetivo do pesquisador precisa ser absolutamente integrado, precisa ser interdisciplinar.

Já no caso do ensino e da aprendizagem, a postura interdisciplinar decorre de seu vínculo intrínseco com o conhecimento, tanto em sua perspectiva de processo como de produto. Ensinar e aprender é conhecer; conhecer é construir o objeto; construir o objeto é pesquisar. Por isso mesmo, o pesquisar é mediação pedagógica fundamental do ensinar e do aprender.

Quanto à extensão, mediada pela prática, quando os resultados do conhecimento são aplicados na condução da vida real, nas condições históricas da existência, a complexidade se torna ainda mais concreta e manifesta. Nesse âmbito, nada é isolável; ao contrário, o que se manifesta é uma intensa e extensa rede de vínculos que tecem a ação histórica dos homens. E toda contribuição que os resultados do conhecimento pode dar nesse momento da ação, na esfera da práxis, é necessariamente integradora, interdisciplinar.

Referências

ALMEIDA, M. da Conceição de; CARVALHO, Edgard de A. (Orgs.). *Edgar Morin*: Educação e complexidade: os Sete Saberes e outros ensaios. São Paulo: Cortez, 2002.

CAPES. Documento da Área Interdisciplinar. Brasília: Capes, 2009. Disponível em: <http://www.capes.gov.br/images/stories/download/avaliacao/INTER03ago10.pdf>. Acesso em: 20 out. 2018.

D'AMBROSIO, Ubiratan. *Transdisciplinaridade*. 2. ed. São Paulo: Palas Athena, 2009.

______. *Etnomatemática*. São Paulo: Ática, 1990.

______. Etnomatemática: uma proposta pedagógica para a civilização em mudança. In: Primeiro Congresso Brasileiro de Etnomatemática, 2000, São Paulo. *Anais*... São Paulo: FEUSP, 2000. p. 143-152.

______. Etnomatemática. Diário na Escola. *Diário do Grande ABC*. Santo André. 31.10.2003. p. 3.

ESTERMANN, Josef; TAVARES, Manuel. Hacia una interversidad de saberes: universidad e interculturalidad. *Revista Lusófona de Educação*, Lisboa, v. 31, p. 65-83, 2015.

FORNET-BETANCOURT, Raul. *Interculturalidade:* críticas, diálogos e perspectivas. Trad. Angela Tereza Sperb. São Leopoldo: Nova Harmonia, 2004.

LEIS, Hector Ricardo. Sobre o conceito de interdisciplinaridade. *Cadernos de Pesquisa Interdisciplinar em Ciências Humanas*, Florianópolis, n. 73, p. 2-23, ago. 2005.

MORIN, Edgar. *Ciência com consciência.* 10. ed. Rio de Janeiro: Bertrand Brasil, 2010.

______. Em busca dos fundamentos perdidos. Textos sobre o marxismo. Organizado por M. Lucia Rodrigues e Edgard de Assis Carvalho. 2. ed. Porto Alegre: Sulina, 2010.

MORIN, Edgar. *Introdução ao pensamento complexo.* Lisboa: Instituto Piaget, 1991.

______. *O problema epistemológico da complexidade.* Lisboa: Publicações Europa-América, 1984.

______; PENA-VEGA, Alfredo; PAILLARD, Bernard. *Diálogo sobre o conhecimento.* São Paulo: Cortez, 2004.

OMNÈS, Roland. *Filosofia da ciência contemporânea.* São Paulo: Editora UNESP, 1996.

PESSIS-PASTERNAK, Guitta. *Do caos à inteligência artificial.* 2. ed. São Paulo: Editora UNESP, 1993.

PETRAGLIA, Izabel. *Edgard Morin:* a educação e a complexidade do ser e do saber. 10. ed. Petrópolis: Vozes, 2008. (Coleção Educação e Conhecimento).

______. *Olhar sobre o olhar que olha:* complexidade, holística e educação. Petrópolis: Vozes, 2001.

PHILIPP Jr., Arlindo; SILVA NETO, Antônio J. (Orgs.) *Interdisciplinaridade em ciência, tecnologia & inovação.* Barueri: Manole, 2011.

SANTOS NETO, Elydio dos. *Educação e complexidade.* São Paulo: Salesiana, 2002.

SEVERINO, Antônio J. *Educação, sujeito e história.* São Paulo: Olho d'Água, 2001.

______. *Filosofia no Ensino Médio.* São Paulo: Cortez, 2014.

______. O uno e o múltiplo: o sentido antropológico do interdisciplinar. In: JANTSCH, Ari P.; BIANCHETTI, Lucídio. *Interdisciplinaridade:* para além da filosofia do sujeito. Petrópolis: Vozes, 1995b, p. 159-175.

______. Subsídios para uma reflexão sobre novos caminhos da interdisciplinaridade. In: MARTINS DE SÁ, Jeanete L. (Org.) *Serviço social e interdisciplinaridade:* dos fundamentos filosóficos à prática interdisciplinar no ensino, pesquisa e extensão. São Paulo: Cortez, 1989, p. 11-21.

SEVERINO, Antônio J. O poder da verdade e a verdade do saber. In: MARTINELLI, M. Lúcia; ON, M. Lúcia R.; MUCHAIL, Salma T. (Orgs.). *O uno e o múltiplo nas relações entre as áreas do saber*. São Paulo: Cortez/ Educ, 1995a, p. 46-54.

TAVARES, Manuel. A interdisciplinaridade e a interculturalidade: uma proposta de descolonização do saber e de superação da interdisciplinaridade. *Revista Brasileira*, Rio de Janeiro, Academia Brasileira de Letras, ano V, n. 89, p. 29-35, out./dez. 2016.

SOMMERMAN, A. *Inter ou transdisciplinaridade?* Da fragmentação disciplinar ao novo diálogo entre os saberes. São Paulo: Paulus, 2006.

VASCONCELOS, Eduardo Mourão. *Complexidade e pesquisa interdisciplinar:* epistemologia e metodologia operativa. Petrópolis: Vozes, 2002.

Da interdisciplinaridade constitutiva do Serviço Social à ação interdisciplinar no ensino e na extensão

Jeanete Liasch Martins de Sá

> *Se definirmos interdisciplinaridade como junção de disciplinas, cabe pensar currículo apenas na formatação de sua grade. Porém, se definirmos interdisciplinaridade como atitude de ousadia e busca frente ao conhecimento, cabe pensar aspectos que envolvem a cultura do lugar onde se formam professores, seu aspecto Humano!!!.*
>
> Ivani Fazenda (2015)

Desafios da interdisciplinaridade para a formação profissional numa sociedade complexa

Quando em 1989 lançamos o livro *Serviço Social e Interdisciplinaridade: dos fundamentos filosóficos à prática interdisciplinar no ensino, pesquisa e extensão* por esta editora, afirmamos que a questão da interdisciplinaridade vinha "fincando raízes há muito tempo na Faculdade de Serviço Social da Pontifícia Universidade Católica de Campinas, inquietando, estimulando ao estudo mais profundo do tema e sugerindo propostas no nível do ensino graduado e pós-graduado, no nível da pesquisa e da extensão" (Martins de Sá, 1989, p. 7).

De fato, a preocupação com a perspectiva interdisciplinar se fez presente em todo esse espaço de tempo, que corresponde a três décadas, resultando em experiências significativas no ensino, na pesquisa e na extensão, quer nas propostas oficiais do curso, quer nas atividades de nossos docentes e supervisores de campo, que, por vezes, extrapolaram os muros desta Universidade.

O estatuto científico do Serviço Social evidencia a integração de conhecimentos exógenos e endógenos. Existe a incorporação de subsídios científicos e técnicos oriundos das ciências humanas e sociais, conhecimentos esses recombinados, reconstruídos e sintetizados, agregando também aqueles oriundos de sua práxis. Existe uma pluralidade de linguagens que se tangenciam, bem como elos orgânicos entre as ciências envolvidas, num processo de reciprocidade e complementaridade. Com isso, a profissão passa a ter um *corpus* teórico-metodológico próprio, que corresponde a um espaço qualitativamente diferente e a uma totalidade nova, ainda que parcial, dinâmica e inconclusa.

Observa-se, então, nos fundamentos epistemológicos do Serviço Social, uma interdisciplinaridade constitutiva e emergente, o que não se reflete de maneira automática no currículo.

O desafio está, então, em promover a interdisciplinaridade no currículo do Curso, entendendo que existe diferença entre interdisciplinaridade científica e a interdisciplinaridade na formação profissional, posição essa corroborada por Ivani Fazenda (2015, p. 12):

> Na interdisciplinaridade escolar a perspectiva é educativa, assim os saberes escolares procedem de uma estruturação diferente dos pertencentes aos saberes constitutivos das ciências. Na interdisciplinaridade escolar as noções, finalidades habilidades e técnicas visam favorecer, sobretudo, o processo de aprendizagem, respeitando os saberes dos alunos e sua integração.

Sabemos que muitas das escolas do ensino superior, incluindo-se as de Serviço Social, adotam posturas críticas em relação à sociedade, porém, "continuam extremamente conservadoras em relação à maneira como refletem tal sociedade, especialmente quanto ao que ensinam e como ensinam" (Martins de Sá, 1995, p. 28).

Pouca importância se dá à relação sujeito-objeto-conhecimento — base da razão constituinte das estruturas de um currículo e do modelo de organização curricular de natureza epistemológica.

> Tendo como escopo uma proposta transformadora da sociedade, as agências de formação profissional continuam atribuindo a certas disciplinas virtudes especiais para a formação da consciência crítica dos alunos, como se esta resultasse de conhecimentos formais ou de atividades específicas para esse fim. Divide-se, dessa forma, o trabalho pedagógico entre conteúdos "científicos", "profissionais e técnicos" e conteúdos "críticos", num descompromisso dos educadores em relação à totalidade do ato educativo. [...] A realidade evidencia um currículo atomizado; organizado mediante programas e disciplinas relativamente autônomas que fragmentam o conhecimento (Martins de Sá, 1995, p. 28-29).

O cotidiano da intervenção profissional do Serviço Social na sociedade contemporânea se concentra cada vez mais em situações complexas, e as disciplinas convencionais são incapazes de, por si só, atender a essa complexidade. Por outro lado, o projeto político liberal-burguês-capitalista está a exigir "um alto nível de competência e eficácia para responder à modernidade mesma do projeto, o que requer uma racionalidade própria de organização" (Martins de Sá, 1995, p. 29).

Há que se ressaltar, então, que tanto a proposta transformadora como a racional-modernizadora têm exigências acentuadas com relação a uma articulação orgânica de conteúdos programáticos, o que inclui a pluri, a inter e transdisciplinaridade. No entender de Basarab Nicolescu, "a disciplinaridade, a pluridisciplinaridade, a interdisciplinaridade e a transdisciplinaridade são as quatro flechas de um único e mesmo arco: o do conhecimento" (Nicolescu, 1999, p. 48).

Nicolescu situa o surgimento da pluridisciplinaridade e da interdisciplinaridade na metade do século XX, atribuindo à primeira o "estudo de um objeto de uma mesma e única disciplina por várias disciplinas ao mesmo tempo", enquanto na segunda existe "a transferência de métodos de uma disciplina para outra".

Ambas têm sua finalidade "inscrita na pesquisa disciplinar". Já a transdisciplinaridade corresponde ao "que está ao mesmo tempo entre as disciplinas, através das diferentes disciplinas e além de qualquer disciplina". Seu objetivo é compreender o mundo presente, tendo como imperativo a unidade do conhecimento (Nicolescu, 1999, p. 45-46).

Passando da perspectiva epistemológica para a formação profissional do assistente social, cujo espaço simbólico de representação e de concretização da ação educacional é o currículo, verificamos que

> de maneira implícita ou explícita, o currículo acaba manifestando os elementos básicos do processo educativo e, dependendo das concepções que sustenta sobre o homem, a ciência, o conhecimento e a relação escola-sociedade, deixa transparecer a função de conservação, reprodução ou transformação (Martins de Sá, 1995, p. 31).

Um currículo organizado por matérias isoladas, justapostas e que classifica o conhecimento por disciplinas pode chegar, no máximo, à pluridisciplinaridade, se o objeto de uma disciplina for estudado pela ótica conjugada de várias outras. É o caso da realidade específica de um campo de estágio, cujo conhecimento é aprofundado pela contribuição pluridisciplinar: da economia, sociologia, antropologia, filosofia, política social e outras.

Ainda que o currículo agregue elementos modernizadores, como supostas inovações, não conseguirá modificar o seu caráter conservador.

Há que se trabalhar modelos alternativos de organização curricular, por áreas de conhecimento ou módulos integrativos, que agrupam disciplinas "numa perspectiva de vinculação, reciprocidade, interação, comunidade de sentido, complementaridade, interdisciplinaridade" (Martins de Sá, 1995, p. 43).

No nosso livro intitulado *Conhecimento e Currículo em Serviço Social* (1995), fruto de uma investigação exaustiva com base nos arquivos da ABEPSS, buscando apreender as diretivas racionais, culturais e históricas da linguagem curricular, configuramos três períodos na formação profissional em Serviço Social que encontram respaldo em correntes filosóficas historicamente situadas e acabam por se configurar em modelos de organização curricular: o período idealista-ativista, o mecanicista e o período baseado na teoria do reflexo desenvolvida pela filosofia marxista — o objetivo ativista (Martins de Sá, 1995, passim).

Margarida Pansza (1981), da Universidade Autônoma do México, investigou a relação sujeito-objeto-conhecimento na educação formal, acrescentando importantes elementos para a compreensão dos modelos de organização curricular. No primeiro — idealista-ativista — predominam matérias isoladas. O sujeito desempenha papel predominante, apercebendo o objeto do conhecimento como uma produção sua. É o idealismo subjetivista, onde se encontra o escamoteamento místico do objeto. Tal perspectiva foi predominante na formação profissional do Serviço Social no período de 1936 a 1954. O segundo modelo — mecanicista —, considerado clássico, também se organiza por matérias isoladas. Nele, o objeto tem preponderância em relação ao sujeito no processo do conhecimento. Já no terceiro modelo de organização curricular, o objetivo-ativista ou modular-integrativo- sujeito e objeto interatuam. É essa perspectiva que melhor permite a interdisciplinaridade e a concepção de aprendizagem como sendo "um processo de transformações sucessivas para o acercamento da verdade objetiva, que tem lugar como consequência da interação do sujeito com o objeto do conhecimento em um contexto historicamente determinado" (Pansza, 1981, p. 45).

É importante ressaltar que, embora a interdisciplinaridade ultrapasse as disciplinas, a sua finalidade "também permanece inscrita na pesquisa disciplinar", conforme Nicolescu (1999, p. 22). A realidade possui vários níveis que só podem ser abordados pela transdisciplinaridade, buscando o que está entre, através e além das disciplinas, não no sentido de se tornar antagônica a elas, mas de complementá-las. Assim, a transdisciplinaridade, embora tenha caráter radicalmente distinto, complementa a pluri e a interdisciplinaridade (Nicolescu, 1999, p. 46-48).

Existe, portanto, no currículo de Serviço Social, um caráter complementar das abordagens disciplinar, pluridisciplinar, interdisciplinar e transdisciplinar, como exigência de uma realidade complexa, multidimensional, multirreferencial, com vários e gradativos níveis de percepção, ligados entre si, numa totalidade aberta. Haverá momentos em que a transdisciplinaridade aproximar-se-á mais da multidisciplinaridade, da interdisciplinaridade ou da disciplinaridade, dependendo da maneira como se trabalhar os vários níveis da realidade.

A busca da multidisciplinaridade e interdisciplinaridade no ensino

Antecedentes

Com base no histórico da Faculdade de Serviço Social da PUC-Campinas, por nós elaborado, publicado em 2003[1] e atualizado em 2013 no Projeto Pedagógico do Curso[2], constatamos,

1. MARTINS DE SÁ, Jeanete Liasch. A formação e evolução da Faculdade de Serviço Social da PUC Campinas no contexto sócio-histórico — suas contribuições. *Cadernos de Serviço Social*, n. 17, p. 11- 43, 2003. Número Especial: FSS 50 Anos.

2. Faculdade de Serviço Social, *Projeto Pedagógico*, PUC Campinas, 2013-2014.

a partir do movimento de reconceituação, tentativas de multidisciplinaridade com lampejos de interdisciplinaridade e, posteriormente, o avanço no sentido da transdisciplinaridade.

Verificamos que a adesão à nova perspectiva impressa pelo movimento de reconceituação do Serviço Social a partir de 1965, embora gradativa, teve influência quase que imediata na proposta de reestruturação do currículo de 1969 da Faculdade de Serviço Social da PUC Campinas, que, além do ciclo básico e profissional, acrescentava as disciplinas Realidade Brasileira, Política Social, além de propor a integração entre disciplinas teóricas e práticas como: Teoria Geral do Serviço Social e Estudo dos Recursos e Problemas da Comunidade no 1º ano; Pesquisa e Trabalhos Práticos no 2º ano; Trabalho de Estágio em Campo no 3º ano, passando a ser acompanhado de estudos em classe, e no 4º ano a introdução de Síntese do Serviço Social, com a finalidade de abordar a teorização atual do Serviço Social e sua aplicação prática vigente, através de Seminários de Estudo junto a entidades dos diferentes campos do Serviço Social.

Em 1982, a Faculdade introduziu modificações em seu Projeto Pedagógico que apontavam para a perspectiva interdisciplinar. Isto ocorreu por ocasião da definição de um currículo mínimo para o curso de Serviço Social pelo Conselho Federal de Educação, através do Parecer n. 412/82, processo n. 197/80, aprovado em 15 de agosto de 1982.

A organização do currículo por áreas de conhecimento

Em 1983, a Faculdade de Serviço Social avançou mais um passo em sua proposta, estabelecendo critérios para a implementação das disciplinas, por áreas de conhecimento. Dentre eles, destaca-se a prática como eixo da formação profissional. Três foram as áreas estabelecidas, agrupando disciplinas, conforme a sua natureza. A **Área de Ciências Humanas, Sociais e Educativas** englobando: Sociologia; Sociologia das Organizações; Economia; Antropologia Social; Psicologia Social e Aplicada; Fundamentos de Psicologia da Personalidade; Psicologia: Dinâmica de Grupo; Formação Econômica, Social e Política do Brasil e Educação.

Já a área de **Planejamento e Trabalho de Campo** abarcava: Metodologia do Trabalho Científico; Filosofia da Ciência e Social; Planejamento Social; Administração em Serviço Social; Desenvolvimento da Comunidade; Política Social; Metodologia do Serviço Social; Pesquisa em Serviço Social; Teoria do Serviço Social e Ética.

Uma terceira área denominada de **Programas Subsidiários** estava voltada para: Estudo dos Problemas Brasileiros; Direito e Legislação Social, Antropologia Teológica A, B, C e Educação Física.

A nova proposta de compromisso com as classes populares ensejou o repensar da prática profissional no contexto das relações sociais brasileiras e a consequente revisão do conceito de Estágio e Supervisão na formação profissional. Longe de se reduzir ao estágio, a prática passou a ser um dos eixos fundamentais, em torno do qual se levantavam questões e se conjugavam diversas disciplinas e técnicas para as respostas científicas, constituindo-se em conhecimentos. Por conseguinte, a formação profissional passou a ter, na práxis, uma de suas âncoras no sentido de prática autotransformadora.

Concomitantemente, fazendo parte de um projeto claramente definido, a supervisão passou a ser concebida como um processo educativo, no sentido de reforçar os interesses das classes populares.

Nessa perspectiva, e a fim de proporcionar aos alunos experiências de estágio diversificadas no âmbito das instituições e das organizações populares, surgiram os projetos especiais, projetos de pesquisa, campos piloto, além das supervisões a campos de estágio institucionais. Estrategicamente, a eleição das áreas de atuação deveria atender à garantia da relação teoria-prática e prática-reflexão. Procurou-se integrar a Política de Estágio com a Política de Pesquisa e Política de Ensino.

Questões relacionadas à prática e aos estágios passaram a ser de responsabilidade da disciplina Metodologia do Serviço Social, com papel relevante no currículo, presente de maneira sequencial nas quatro séries, competindo-lhe também a função de articulação com outras disciplinas profissionalizantes, assim alocadas: 1ª série: Metodologia do Serviço Social I, História do Serviço Social II, Teoria do Serviço Social III. 2ª série: Metodologia do Serviço Social II, Teoria do Serviço Social II, Desenvolvimento da Comunidade, Pesquisa em Serviço Social I, Ética Profissional do Serviço Social. 3ª série: Metodologia do Serviço Social III, Teoria do Serviço Social III, Pesquisa em Serviço Social III, Administração em Serviço Social, Planejamento Social. 4ª série: Metodologia do Serviço Social IV, Teoria do Serviço Social IV, Pesquisa em Serviço Social III.

A consolidação do modelo de organização curricular por áreas

Após seis anos de elaboração do Projeto Pedagógico, a Faculdade de Serviço Social sentiu a necessidade de resgatar a sua história, reunindo dados esparsos contidos nos relatórios anuais, nas atas de reuniões, nas avaliações, nos textos subsidiários construídos ao longo do caminho. Surgiu, então, o documento intitulado *Projeto Pedagógico da Faculdade de Serviço Social*, em novembro de 1988, enfocando o conceito de Projeto Pedagógico, o contexto em que foi gerado, a nova proposta de formação profissional e sua evolução, a proposta pedagógica da Faculdade de Serviço Social e uma parte complementar com os indicadores sobre a realidade de Campinas.

Com 115 páginas, o texto condensa, no período de 1981 a 1988, as medidas adotadas, quer didático-pedagógicas, quer administrativas, para a implantação e implementação do Projeto Pedagógico; destaca a produção científica, os cursos em nível de extensão e pós-graduação, o processo de avaliação contínua e seus resultados, aprofundando a análise do processo educacional do Serviço Social, referenciada pelo movimento histórico. Aponta ainda os avanços qualitativos num contexto de contradições e reforça a perspectiva da proposta inicial de educação libertadora para a transformação social.

O Projeto Pedagógico da Faculdade de Serviço Social dessa época acrescenta um instrumento fundamental para possível articulação entre as disciplinas, constituindo-se no "Relato" elaborado pelo aluno, com a sistematização da prática. Esse material era repassado aos professores das diferentes disciplinas, que contribuíam com fundamentação teórica específica, subsidiando a análise e proporcionando a relação teoria-prática. Consideramos ser esse um dos momentos históricos de maior integração curricular, no sentido da abordagem interdisciplinar.

O relato era concebido, com base em Teresa Porzecanski, como documento científico de exercício reflexivo, interpretativo e de construção do conhecimento, representando a união do exercício teórico-prático profissional e também e sobretudo intervenção profissional, e não simples acessório e complemento. Significava transportar um segmento de realidade a um contexto de interpretação científica — ponto de partida do próprio conhecimento dessa realidade (Porzecanski, 1976, p. 59-66).

O documento de 1988 faz também referências aos avanços e dificuldades encontrados no percurso entre a proposta e a ação político-pedagógica:

> O Projeto Pedagógico é, antes, um processo em movimento histórico, sujeito à lei da contradição e da mudança qualitativa. A relação entre o que se propõe no início do curso e o que se consegue no final não é direta nem sincrônica. [...] o aluno finalista deve ser capaz de manifestar a compreensão da viabilidade histórica da transformação e das possibilidades efetivas de avanço nessa direção (Faculdade de Serviço Social, 1988, p. 8).

As dificuldades apontadas correspondiam a requisitos de ordem legal, existência de professores horistas, sem condições de atender às múltiplas exigências de um currículo integrativo e a própria experiência de vida e de ensino-aprendizagem tanto do professor como do aluno. "Nós não fomos preparados para um sistema orgânico de ensino, mas mecânico", aponta o documento, que complementa: "Isto está profundamente enraizado em nossas estruturas mentais e resultam em resistência a tudo que não se relaciona com a tradicional aula expositiva, à prova, à nota e à aprovação" (Faculdade de Serviço Social, 1988, p. 9).

O prenúncio da organização curricular por módulos

A partir de 1989, observa-se novo avanço em termos de integração de disciplinas, conteúdos programáticos, ciclo básico e ciclo profissionalizante. Destaca-se, nesse ano, o I Seminário de Integração Curricular, com os seguintes objetivos: "Permitir a alunos, professores, profissionais, a oportunidade de configuração da atual conjuntura brasileira; identificar, por áreas sociais, as questões sociais presentes em nível conjuntural e que se expressam no cotidiano de vida da classe trabalhadora; criar 'módulos' comuns para o estudo interdisciplinar, com base na realidade social e profissional; refletir sobre os trabalhos curriculares de pesquisa e extensão, no sentido do retorno para o ensino e a contribuição socioeducativa da Faculdade de Serviço Social junto à comunidade; proporcionar a oportunidade de convivência e interação entre alunos das várias séries, professores e profissionais" (Faculdade de Serviço Social, 1989).

Com base na explicitação do conteúdo programático das disciplinas Teoria do Serviço Social e Metodologia do Serviço Social, surgiu um diagrama bastante elucidativo da integração, a partir de três módulos: Teoria, Ciência e Método; O Conceito de Serviço Social e o Perfil Profissional; Realidade Social e Intervenção Profissional.

A partir de 1990, a Faculdade avançou na perspectiva de integração entre teoria e prática. Os projetos de estágio foram agrupados por campos de atuação: Educação, Saúde, Trabalho, Habitação, Posse da Terra; Lazer e Comunicação. A supervisão passou, então, a ter dois momentos: supervisão por projetos e supervisão por campos. Tanto a disciplina de Teoria do Serviço Social quanto Metodologia do Serviço Social passaram a trabalhar a prática. Além da supervisão, realizavam-se Seminários e Painéis, estreitando-se a relação entre as disciplinas (Faculdade de Serviço Social, 1990. *Livro de Atas* — Reunião do Departamento de Metodologia e Ação do Serviço Social de 15/2/1990, p. 72-74).

A organização curricular modular-integrativa

Ainda em 1990, cria-se o NUPOSS — Núcleo de Políticas Sociais e Serviço Social, que correspondeu a um novo avanço, de extrema significância em nível acadêmico, de produção científica, de interação com a comunidade local, regional e nacional e com a comunidade científica e profissional. No mês de agosto desse mesmo ano, foi organizada a Universidade da Terceira Idade, curso de extensão universitária e de atualização cultural para pessoas da meia-idade e da Terceira Idade, pioneiro no gênero, com grande repercussão na mídia, em nível nacional, inspirando a criação de cursos semelhantes por todo o país.

O curso da Universidade da Terceira Idade veio consolidar a perspectiva de abordagem interdisciplinar, ao adotar uma proposta político-pedagógica consubstanciada no currículo modular-integrativo, a partir do modelo de Tolouse (Attias Donfut, 1979), com adaptações baseadas na experiência da Universidade Autônoma do México (Panzsa, 1981). Por ser um curso livre, foi possível uma aproximação estreita com a proposta inter e transdisciplinar. Na época, todos os departamentos da Universidade, representando as mais diferentes áreas do conhecimento, indicaram professores para ministrar palestras, conferências, minicursos, seminários, atividades culturais, recreativas, esportivas, além dos estágios em organizações sociais. Os núcleos temáticos giravam em torno de oito módulos interdisciplinares: aspectos biológicos do envelhecimento; aspectos psicossociais da terceira idade; o idoso e sua situação socioeconômica e legal; a cultura na terceira idade; educação física, recreação e lazer na terceira idade; a organização político-social na terceira idade; vivência na terceira idade e estágios supervisionados. O eixo ao redor do qual giravam esses módulos correspondia ao tema transdisciplinar que também perpassava todas as atividades: o processo do envelhecimento e o envelhecimento bem-sucedido.

Após dez anos de vigência do Currículo de Serviço Social, estabelecido com o Projeto Pedagógico, houve necessidade de se reestruturá-lo, de modo a atender às novas expressões da questão social, bem como às demandas do mercado de trabalho. A proposta foi encaminhada aos órgãos superiores da Universidade em 30 de junho e 8 de setembro de 1992, com alterações que previam a inclusão e exclusão de disciplinas, realocação nas séries, alterações de nomenclatura, aumento e diminuição de carga horária de disciplinas básicas e específicas de Serviço Social.

Com a criação do Conselho Nacional de Educação em 1995 e as novas Diretrizes Curriculares para os cursos de graduação em Serviço Social, e procurando seguir as recomendações da ABESS e da PUC-Campinas, a Faculdade de Serviço Social encaminhou, no ano 2000, um novo Projeto Pedagógico para o Curso de Serviço Social.

Foi a partir de 2010, no entanto, que ocorreu um salto qualitativo no que se refere à organicidade do Projeto Pedagógico, com a busca da integração entre as disciplinas e o estreitamento entre a relação teoria-prática, através de "temas transversais", experiência que se mantém até os dias de hoje. Nesse sentido, tem sido oportuno abordar questões decorrentes da realidade social, presentes no cotidiano, na ação educativa e na intervenção profissional. São temas que ultrapassam as disciplinas, estando, conforme afirmou Nicolescu, ao mesmo tempo, "entre as disciplinas, através das diferentes disciplinas e além de qualquer disciplina", permitindo a compreensão do "mundo presente" e a busca da "unidade do conhecimento" (Nicolescu, 1999, p. 45-46).

Os temas abordados, desde então, correspondem a Ética e Cidadania; Sustentabilidade Socioambiental; Saúde: Direito à

Vida; Direitos Humanos; Violência e Serviço Social; Direito das Pessoas com Deficiência; O Sistema Prisional; O Direito à Cidade. Tais temas deslocam-se para situações complexas da realidade, que só podem ser compreendidas a partir de uma perspectiva multirrefencial ou interdisciplinar.

Em torno desses temas são realizadas palestras e mesas-redondas com vários profissionais, além de ações educacionais por parte dos professores, com a escolha criteriosa de um texto básico comum, que permite a relação do tema transversal com a matéria ministrada. Isso gera a formulação de uma série de questões que são agrupadas em uma prova conjunta ou integrada, realizada semestralmente pelos alunos, através do AVA — Ambiente Virtual de Aprendizagem.

A extensão como lócus privilegiado para ações interdisciplinares

A extensão, concebida como elemento indissociável do tripé ensino-pesquisa-extensão, corresponde a um lugar de extrema importância para ações de natureza inter e transdisciplinar.

O Fórum de Pró-Reitores das Universidades Públicas Brasileiras (FORPROEX), durante o seu XXXI Encontro Nacional, realizado em 2012, aprovou a Política Nacional de Extensão, formalizando o atual conceito de extensão universitária:

> A Extensão Universitária, sob o princípio constitucional da indissociabilidade entre ensino, pesquisa e extensão, é um processo interdisciplinar, educativo, cultural, científico e político que promove a interação transformadora entre Universidade e outros setores da sociedade (FORPROEX, 2012, p. 15).

O documento estabelece também as diretrizes que devem Orientar a Extensão: a Interação Dialógica; a Interdisciplinaridade e Interprofissionalidade; a Indissociabilidade Ensino-Pesquisa-Extensão; o Impacto na Formação do Estudante; e o Impacto e Transformação Social (FORPROEX, 2012, p. 16).

A extensão é um processo educativo, e o conhecimento dela resultante permite relacionar diversos saberes com a realidade social onde ela se concretiza.

Na extensão, o ensino rompe as barreiras da sala de aula e da Universidade e estabelece o diálogo com o meio social imediato, permitindo a troca de informações, conhecimentos e experiências entre professores, alunos, organizações sociais, profissionais e população. Estabelece-se uma relação de mão dupla, e o conteúdo resultante desse processo passa a ser multi, inter e transdisciplinar.

A Política Nacional de Extensão fundamenta a importância da interdisciplinaridade e interprofissionalidade na extensão, argumentando:

> É um truísmo dizer que a realidade social é complexa, mas talvez não o seja argumentar que qualquer intervenção ou ação destinada a alterá-la deve levar em conta essa complexidade sob pena de se tornar estéril ou ineficiente. Por muitas décadas, as tecnologias de intervenção social têm oscilado entre visões holistas, destinadas a apreender a complexidade do todo, mas condenadas a ser generalistas, e visões especializadas, destinadas a tratar especificidades, mas caracterizadas pelo parcelamento do todo (FORPROEX, 2012, p. 17).

Em seguida, coloca a Interdisciplinaridade e a Interprofissionalidade como meio de superação da dicotomia entre especialização e complexidade, buscando a combinação entre ambas.

Nesse processo, evidencia-se mais uma vez a importância da interdisciplinaridade:

> O suposto dessa diretriz é que a combinação de especialização e visão holista pode ser materializada pela interação de modelos, conceitos e metodologias oriundos de várias disciplinas e áreas do conhecimento, assim como pela construção de alianças intersetoriais, interorganizacionais e interprofissionais. Dessa maneira, espera-se imprimir às ações de Extensão Universitária a consistência teórica e operacional de que sua efetividade depende (FORPROEX, 2012, p. 17).

Durante sete anos consecutivos, participamos, na PUC Campinas, de experiências significativas de extensão em termos de interdisciplinaridade, transdisciplinaridade, e intersetorialidade. Tais experiências demonstram que é possível o avanço nessa direção.

Atividades de extensão junto ao Programa Metropolitano de Inclusão e Atenção à terceira idade da AGEMCAMP

No biênio 2014-2015, o trabalho de extensão esteve voltado para o desenvolvimento de oficinas de capacitação para administradores municipais participantes das Câmaras Temáticas da Agência Metropolitana de Campinas — AGEMCAMP — RMC e representantes indicados pelos 20 municípios da Região para a implantação/implementação do Programa Metropolitano de Inclusão e Atenção à Terceira Idade.

Participaram assistentes sociais, em sua maioria, assim como psicólogos, educador físico, pedagogo e nutricionista, o que permitiu a socialização de experiências relacionadas às políticas sociais voltadas para o idoso e sua análise à luz do referencial teórico-metodológico proporcionado pela abordagem socioeducativa, interdisciplinar e intersetorial.

A avaliação ou revisão das ações já existentes nos municípios, voltadas para a Terceira Idade, permitiu a elaboração de uma Cartilha com os recursos municipais para a pessoa idosa na área socioassistencial, jurídica, da educação, saúde, transporte, cultura, esporte e lazer, além de informações e contatos úteis aos idosos. Foram elaborados trinta novos projetos de Inclusão e Atenção à Terceira Idade, com implantação gradual e avaliação contínua.

A base para a capacitação, através das oficinas, correspondeu à educação sociogerontológica, campo de conhecimento em construção, que conceituamos como sendo:

> a educação, de natureza interdisciplinar, voltada para o envelhecimento, enquanto expressão da questão social, presente tanto nas políticas públicas quanto nas relações humanas e sociais. Dirige-se aos profissionais que atuam nas políticas sociais voltadas para os idosos e a estes, no sentido de potencializar o seu protagonismo consciente e ativo. Trabalha a dimensão dos direitos civis, políticos e sociais, a cidadania, a democracia, circunscritas à emancipação política dos cidadãos idosos, na perspectiva de ultrapassagem em direção à emancipação humana (Martins de Sá, 2018, p. 10).

Abordar as questões relacionadas às políticas públicas voltadas para os idosos implica recorrer, dentre outras contribuições, à gerontologia, caracterizada por uma interdisciplinaridade constitutiva e emergente, conforme abordamos no texto *Gerontologia e interdisciplinaridade — fundamentos epistemológicos*, publicado em 1998. Isto corresponde à necessidade de explicitação do estatuto científico da gerontologia em sua práxis,

> onde se observa uma integração necessária tanto de conhecimentos exógenos quanto endógenos. Isto ocorre porque o seu objeto de

> estudo e de ação engendra dimensões biológicas, psíquicas, sociais, culturais, estéticas. [...] Não pode fragmentar o objeto porque a parte que ela isola ou arranca do contexto originário do real — o velho e o processo do envelhecimento — só pode ser explicada efetivamente na integralidade de suas características. Ao responder a essa necessidade intrínseca, a gerontologia desenvolve um trabalho interdisciplinar em sua própria gênese e no fundamento da própria produção do saber e da própria ação interventiva (Martins de Sá, 1998, p. 156-157).

Os gestores e representantes dos municípios da RMC, durante o processo de avaliação das oficinas, reconhecendo a sua importância, levantaram a necessidade de se estender a capacitação a eles proporcionada aos representantes dos Conselhos Municipais do Idoso, tanto do poder público quanto da sociedade civil, bem como aos profissionais que atuam diretamente com idosos nos CRAS, nos CREAS e nos Centros-Dia. Disto, originou a experiência de extensão no biênio 2016-2017.

Ações de capacitação sociogerontológica, com efeito multiplicador, para implementação do Programa Metropolitano de inclusão e atenção à Terceira Idade da AGEMCAMP

Foram realizadas em 2016 oficinas de capacitação sociogerontológica para representantes dos Conselhos Municipais do Idoso e profissionais que atuam nos Centros de Referência da Assistência Social (CRAS). Em 2017, participaram profissionais dos Centros de Referência Especializados da Assistência Social (CREAS) e profissionais representantes dos Centros-Dia.

Importante destacar a presença de assistentes sociais, psicólogos, advogados, médica, nutricionista, terapeuta ocupacional, enfermeira, professora de Educação Física, pedagoga. Representando os Conselhos Municipais de Idosos, participaram membros da sociedade civil, dentre eles, idosos.

O ponto alto da experiência correspondeu ao efeito multiplicador que se pretendia alcançar, replicando o conteúdo abordado nas oficinas de capacitação nos municípios e organizações, de modo a se atingir um número crescente de cidadãos idosos, no sentido de seu protagonismo e na perspectiva da emancipação humana. Para tanto, o método proposto foi o de "aproximações sucessivas", mediado por políticas sociais, que se traduzem em programas, projetos e ações sociogerontológicas em nível municipal e regional. Os facilitadores corresponderam aos gestores, profissionais, líderes de grupos de idosos, devidamente capacitados durante o biênio.

Em razão do efeito circular expansivo ou efeito em espiral, foram sendo acrescentados novos agentes multiplicadores, inclusive os próprios idosos — sujeitos participantes — influenciando os pares, a família e a comunidade. Foi possível atingir 2.615 pessoas no período de 2016-2017, correspondendo a um público-alvo bastante diferenciado, passando por grupos e associações de idosos, familiares, organizações governamentais e da sociedade civil, profissionais, conselhos de direitos, abarcando áreas como assistência social, educação, esportes, cultura, transporte, segurança e saúde, numa perspectiva intersetorial.

Importante observar que, além da interdisciplinaridade e da intersetorialidade presentes na abordagem da questão sociogerontológica e nas propostas decorrentes das oficinas, a transdisciplinaridade torna-se evidente ao se trabalhar o processo do envelhecimento, o protagonismo do idoso e sua emancipação humana. São temas que perpassam a capacitação, as sugestões de ações de efeito multiplicador, bem como as políticas sociais voltadas para os idosos nas várias áreas.

Capacitação para ações sociogerontológicas, articuladas em rede municipal/intersetorial, no contexto dos direitos humanos e das políticas sociais

A proposta de extensão para o biênio 2018-2019 refere-se à capacitação de gestores e servidores da rede pública municipal vinculados à Secretaria Municipal de Assistência Social, Pessoa com Deficiência e Direitos Humanos da Prefeitura de Campinas; profissionais que atuam na direção e operacionalização das organizações da sociedade civil voltadas para trabalhos com idosos; conselheiros do Conselho Municipal do Idoso; membros de associações de classe voltados à defesa de direitos da pessoa idosa e equipe de assessoria do legislativo municipal.

São três importantes níveis relacionados à Política Municipal do Idoso: executivo, deliberativo e legislativo, sendo mobilizados no sentido de promover, através da capacitação e compartilhamento de conhecimentos e experiências, ações sociogerontológicas, articuladas gradativamente, em rede municipal e intersetorial, no contexto dos direitos humanos e das políticas sociais, mais especificamente a Política Nacional da Assistência Social em sua interface com a Política Nacional do Idoso e o Estatuto do Idoso.

Destaca-se, na perspectiva da articulação e implementação da rede sociogerontológica no município, o mapeamento dos recursos municipais/intersetoriais, recorrendo-se, para tanto, aos programas computacionais: QGIS — destinado ao georreferenciamento — e Ucinet/Netdraw, analisando a rede.

Um trabalho de extensão dessa natureza contribui no sentido de romper com a fragmentação e a setorialidade das políticas sociais — característica histórica da realidade brasileira —, apontando possibilidades de superação, quando se busca uma ação articulada, pactuada, que corresponda a uma estratégia de gestão intersetorial dessas políticas, com respostas mais produtivas e mais totalizantes. É o avanço gradativo da "rede convencional de natureza socioassistencial" para a rede intersetorial, isto porque na convencional, embora ela apresente mecanismos de articulação entre si, suas instâncias de gerenciamento são separadas. Aqui, a interdisciplinaridade ganha extrema relevância:

> Se entendemos, com toda a pertinência, a interdisciplinaridade como uma integração dos saberes, das ideias, dos conceitos, devemos também, analogicamente, entendê-la como uma conjugação de procedimentos, de práticas, de métodos, enfim, de ação no tratamento, no acompanhamento, no cuidado do idoso, ou no decorrer do processo de envelhecimento. [...] O objetivo, sem dúvida, utópico da interdisciplinaridade se volta à unidade do saber, mas não só; volta-se também à unidade do fazer. Com certeza, quando se fragmenta o saber e o fazer, fragmenta-se a pessoa, sujeito destes processos. [...] É claro que tudo isso é problemático. A conjugação de saberes e de fazeres é fruto de muita atenção e esforço. É uma conquista a cada dia acontecida (Martins de Sá et al., 2017, p. 113).

O conceito de interdisciplinaridade está imbricado no conceito de rede e de intersetorialidade:

> Ao falar de interdisciplinaridade, ocorre-nos usar a ideia de rede, uma metáfora que tem sido muito usada hoje para representar a complexidade e a pluralidade dos caminhos mediadores na construção dos saberes e dos conhecimentos. Na verdade, o conhecimento é processo. Por isso, a metáfora da rede, uma teia que vai se tecendo, na qual tudo está interligado. Portanto, não há hierarquias, não há um tema mais importante do que outro, não há o de cima e o de baixo, não há o conhecimento de primeira categoria e o de segunda. Há, sim, uma intercomplementaridade dos saberes que, por certo, irá gerar uma solidariedade de ações (Ibidem).

Na busca da intersetorialidade, são abordadas tanto organizações governamentais como não governamentais, no sentido da construção de interfaces entre elas, tendo em vista o enfrentamento de problemas sociais complexos que constituem as demandas sociais na atualidade.

A intersetorialidade pressupõe a predisposição ao diálogo, à comunicação, à troca de informações, à socialização e complementação de experiências, à integração e transversalidade. No caso da rede sociogerontológica, existe um tema transversal perpassando as políticas sociais de cada município: o processo do envelhecimento, em torno do qual se discutem possibilidades e se apresentam propostas de ação.

Considerações finais

Atuando algumas vezes com o respaldo institucional, e em outras em um contexto adverso, a Faculdade de Serviço Social teve, nesses mais de 30 anos, experiências que ora se aproximavam da interdisciplinaridade de maneira modesta, ora de forma efetiva e bem-sucedida. Isso se deu dentro do espaço de autonomia relativa, uma vez que o sistema educacional exerce forte pressão de enquadramento, ora em diretrizes, ora em parâmetros curriculares, com uma carga horária densa. Existem exigências de ordem legal, variáveis de natureza acadêmico-administrativa, professores horistas, resistências à inovação. Mas, apesar disso, avançamos.

Em termos da extensão, as propostas têm caminhado no sentido da inter e transdisciplinaridade e da intersetorialidade, num terreno desafiador — o das políticas públicas municipais e regionais. Essa perspectiva tem proporcionado a interação, a reciprocidade e a complementaridade, afiançando a garantia de acesso dos idosos aos direitos sociais à proteção social e à inclusão, através de benefícios, serviços, programas e projetos nas áreas da saúde, previdência, assistência social, educação, habitação, cultura, transportes, lazer, enfim, a uma rede integral de serviços que viabilizem o direito à promoção da vida, da dignidade, da resistência, do "empoderamento", da decisão e da participação.

Tanto a experiência em nível do ensino, quanto da extensão universitária, têm permitido lidar com a realidade complexa e criar relações entre os diferentes saberes, através da inter e da transdisciplinaridade, numa sistematização crescente, sempre aberta, extensível, inconclusa e contendo sempre significações possíveis.

Referências

ATTIAS DONFUT, Claudine. Universidade da Terceira Idade. *Cadernos da Terceira Idade*, São Paulo, n. 3-a, p. 52-53, março, 1979.

FACULDADE DE SERVIÇO SOCIAL. *I Seminário de Integração Curricular*, PUC Campinas, 1989. (Documento mimeografado)

______. Reunião do Departamento de Metodologia e Ação do Serviço Social de 15/02/1990. *Livro de Atas*, PUC Campinas, p. 72-74, 1990.

______. *Projeto Pedagógico 2013-2014*. PUC Campinas, 2014.

______. *Projeto Pedagógico 1988*. PUC Campinas, nov. 1988.

FAZENDA, Ivani Catarina Arantes. Interdisciplinaridade: didática e prática de ensino. *Revista Interdisciplinaridade*, PUC/SP, p. 9-17, 2015. Disponível em: <https://revistas.pucsp.br/index.php/interdisciplinaridade/article/view/22623>. Acesso em: 10 ago. 2018.

FORPROEX. *Política Nacional de Extensão Universitária*, Manaus, 2012.

MARTINS DE SÁ, Jeanete Liasch (Org.). *Serviço Social e Interdisciplinaridade:* dos fundamentos filosóficos à prática interdisciplinar no ensino, pesquisa e extensão. São Paulo: Cortez, 1989.

______. *Conhecimento e Currículo em Serviço Social:* análise das contradições (1936-1975). São Paulo: Cortez, 1995.

______. Gerontologia e interdisciplinaridade — fundamentos epistemológicos. *Serviço Social & Sociedade*, São Paulo, ano XIX, n. 58, p. 153-161, nov. 1998.

______. A formação e evolução da Faculdade de Serviço Social da PUC Campinas no contexto sócio-histórico — suas contribuições. *Cadernos de Serviço Social*, n. 17, p. 11- 43, 2003. Número Especial: FSS 50 Anos.

______. Políticas sociais voltadas para idosos: o desafio da emancipação política e humana, mediada pela educação sociogerontológica. II Simpósio Internacional sobre Estado, Sociedade e Políticas Públicas: Estado e Políticas Públicas no Contexto de Contrarreformas, *Anais*... UFPI, 2018.

MARTINS DE SÁ, Jeanete Liasch et al. Multidimensionalidade do envelhecimento e Interdisciplinaridade. In: FREITAS, Elizabete V.; PY, Ligia (eds.). *Tratado de Geriatria e Gerontologia*. 4. ed. Rio de Janeiro: Guanabara Koogan, 2017.

NICOLESCU, Basarab. *O manifesto da transdisciplinaridade*. São Paulo: TRIOM, 1999.

PANZSA Margarita. Ensenanza Modular. *Perfiles Educativos*, México, Centro de Investigacione y Servicios Educativos de la UNAM, enero-febrero-março, 1981.

PORZECANSKI, Teresa. *Lógica y relato en trabajo social*. Buenos Aires: Humanitas, 1976.

Interdisciplinaridade na pesquisa: travessia e encontro

Edna Maria Goulart Joazeiro

> *Todo cientista social realiza algum tipo de viagem, quando estuda, ensina ou pesquisa. [...] São muitos os que buscam o caminho do mundo [...] Mas os caminhos do mundo não estão traçados. Ainda que haja muitos desenhados nas cartografias, emaranhados no atlas, todo viajante busca abrir caminho novo, desvendar o desconhecido, alcançar a surpresa ou o deslumbramento. A rigor, cada viajante abre seu caminho, não só quando desbrava o desconhecido, mas inclusive quando redesenha o conhecido* (Ianni, 2003, p. 14 e 29).

Introdução

No momento do convite para refletir sobre interdisciplinaridade, me foi solicitado um destaque especial para a dimensão da pesquisa e do desafio de consolidar um caminho em direção à internacionalização. Essa temática tem sido colocada como um pressuposto importante *do* e *no* processo de fazer ciência. Nesse percurso, está implícito que a produção científica local, regional, nacional e internacional está desafiada a fazer emergir a diversidade, a especificidade, o lugar de si e do outro na produção da ciência e de seus produtos.

Escolhemos iniciar esse diálogo recorrendo à metáfora da viagem de Ianni (2003, p. 13): "toda viagem se destina a ultrapassar fronteiras, tanto dissolvendo-as como recriando-as. Ao mesmo tempo que demarca diferenças, singularidades ou alteridades, demarca semelhanças, continuidades, ressonâncias". Assinala Khun (1987, p. 256), com base em suas próprias observações, que os membros de uma comunidade científica se constituem a única audiência e os únicos juízes do trabalho dessa comunidade. Afirma ainda a natureza peculiar da educação científica, no que tange ao caráter objetivo de resolução de quebra-cabeças e acerca do sistema de valores que o grupo científico apresenta em períodos de crise e decisão. Discute em sua obra outras características semelhantes, que não são exclusivas da Ciência, mas que no conjunto distinguem a atividade científica (op. cit., p. 256).

Kuhn afirma que resolver um problema da pesquisa normal é alcançar o antecipado *de uma nova maneira* [...] até mesmo [n]o projeto cujo objetivo é a articulação de um paradigma e que não visa produzir uma novidade *inesperada*. Nesta perspectiva, tem sido requerido da pesquisa a

> [...] a solução de todo o tipo de complexos quebra-cabeças instrumentais, conceituais e matemáticos, sendo que o desafio apresentado pelo quebra-cabeça constitui uma parte importante da motivação do cientista para o trabalho (Kuhn, 1987, p. 58, grifo nosso).

Acompanhemos o argumento do autor sobre o uso da metáfora do quebra-cabeça que se constitui uma categoria particular de problemas que servem para testar nossa engenhosidade ou habilidade na solução de problema. Segundo Kuhn, há um conjunto de compromissos ou adesões indispensáveis para que alguém seja chamado de cientista, ou seja, o cientista é aquele que deverá: i) preocupar-se em compreender o mundo e ampliar a precisão e o alcance da ordem que lhe foi imposta; ii) perscrutar com grande minúcia empírica algum aspecto da natureza, destaque-se aqui que esse feito será empreendido pelo próprio cientista ou por outrem; iii) ao identificar na etapa anterior os bolsões de aparente desordem, ele sentir-se-á desafiado a um novo refinamento de suas técnicas de observação ou de suas teorias. Essas regras se coadunam com outras tantas aceitas pela comunidade científica nesta ou em outras épocas (Kuhn, 1987, p. 65).

Cabe-nos aqui uma reflexão sobre essa atividade cujo mandato de natureza, ao mesmo tempo científica, social e política, pressupõe a tessitura de uma sólida rede de compromissos para a realização de seus fins, tais como adesões de natureza conceituais, teóricas, metodológicas e instrumentais (op. cit., p. 65). Na perspectiva analítica de Kuhn, encontrar a solução de um quebra-cabeça residual poderia se constituir num desafio pessoal, contudo há que se ponderar sobre os múltiplos aspectos presentes neste quebra-cabeça e o quanto ele remete à necessidade de perspectivas compartilhadas para a decifração de suas fragilidades, possibilidades e limites.

Pesquisa e interdisciplinaridade

Julgamos oportuno discutir o lugar que a interdisciplinaridade ocupa na produção da pesquisa no âmbito da ciência na atualidade, mas, acima de tudo, é válido começar pelo início, indagando-nos sobre o significado do termo Ciência, que provém do latim *scientia* e indica conhecimento, sendo entendido como

> O conjunto de conhecimentos socialmente adquiridos ou produzidos, historicamente acumulados ou dotados de universalidade e objetividade que permitem sua transmissão, estruturados com métodos, teorias e linguagens próprias, que visam compreender e possibilitam orientar a natureza e as atividades humanas (Ferreira, 2010, p. 496).

Kuhn assinala a importância de aprender sobre todas as características da ciência, uma vez que "o conhecimento científico, como linguagem, é intrinsecamente a propriedade comum de um grupo ou então não é nada", e para "entendê-lo precisamos conhecer as características essenciais dos grupos que o criam e o utilizam" (Kuhn, 1987, p. 257). O campo científico, apesar de sua normatividade, assinala Minayo (2012), é um espaço marcado por conflitos e contradições.

Morel (1979, p. 8), ao discutir o conceito de comunidade científica, explicita como no decorrer do tempo este conceito inicialmente era definido de maneira geral e genérica, descrito de uma forma idealista como sendo composta por indivíduos que compartilham os mesmos ideais, valores e normas. Contudo, a autora assinala que autores como Khun, Hagstrom, Merton e Baber, ao analisarem a comunidade científica, "ressaltaram o aspecto conservador da educação recebida por seus membros e as resistências à inovação que os próprios cientistas experimentam" (Morel, 1979, p. 9). Assim, enquanto Merton (1962) enfatiza o *ethos* da ciência marcado por um complexo de valores e normas, das quais destaca o universalismo, o comunitarismo, o desinteresse e o ceticismo organizado, Baber (1952) inclui mais duas normas: a dimensão da racionalidade e a da neutralidade emotiva.

Morel assinala que, na última década dos anos 1970, a atividade científica se delineia como profissão e especialização ligada à divisão capitalista do trabalho, nos marcos da divisão entre trabalho manual e intelectual, a partir da divisão entre planejamento e execução, instituindo o parcelamento das tarefas. Afirma a autora que "as transformações surgidas na ciência enquanto instituição e nas orientações [...] que a definem são produtos históricos de um tipo particular de relações sociais e de produção" (Morel, 1979, p. 12).

Bourdieu conceitua o campo científico como "um espaço de concorrência estruturada em torno de desafios e interesses específicos no âmago do qual os 'agentes' se distribuem em função do volume e da estrutura de capitais detidos" (Catani et al., 2017, p. 68), os quais constituem recursos para a ação. Segundo o autor, o interesse específico do campo científico se funda na imposição de uma concepção particular de ciência, baseada no capital científico. Nessa perspectiva, Bourdieu assinala a presença de duas formas de capital, um de natureza "temporal", que remete a "uma espécie de poder institucional sobre os meios de produção e reprodução" (ibid., p. 68); o outro capital é o "científico", que está "vinculado ao reconhecimento dos pares. Nesta medida, trata-se de um capital pouco institucionalizado e mais exposto à contestação" (op. cit., p. 69). Para o autor, a presença de duas formas de capital "confirma o caráter da relativa autonomia do campo científico" (op. cit., p. 69).

Em *Redescobrir a experiência operária*, Oddone et al. (1981, p. 217) propõem a criação de um dispositivo que denomina Comunidade Científica Ampliada, a qual deverá contar com a participação de trabalhadores, de gestores ou organismos que prescrevem normas do trabalho e membros da comunidade científica, com o objetivo de ampliar a potência da análise em relação ao mundo do trabalho e aos seus desafios (1981, p. 217).

Na sociedade ocidental, a ciência é a forma hegemônica de construção da realidade. Segundo Minayo (2012a, p. 9), é "considerada por muitos críticos como um novo mito, por sua pretensão de único promotor e critério de verdade"; essa hegemonia da ciência sobre outras formas de conhecimento se ancora sobre duas razões: **a primeira**, de ordem externa a ela mesma, está pautada na sua possibilidade de responder a questões técnicas e tecnológicas postas pelo desenvolvimento industrial; a **segunda**, de ordem interna, consiste no fato de os cientistas terem conseguido a compreensão do mundo, das coisas, dos fenômenos, dos processos e das relações (op. cit., p. 10).

No que tange ao campo das Ciências em geral, a questão da cientificidade precisa ser pensada como uma ideia reguladora de alta abstração e não como sinônimo de modelos e normas a serem seguidos, e que não são definidas "*a priori*", uma vez que a ciência se consolida na trama da história e, portanto, é marcada pela relatividade do processo de conhecimento (Minayo, 2012a, p. 11).

Frigotto (2008, p. 44), ao discutir o campo das Ciências Sociais e o campo educativo, considera que a interdisciplinaridade é uma necessidade imperativa para a construção do conhecimento social. Para o autor, delimitar um objeto para investigá-lo não significa fragmentá-lo ou limitá-lo arbitrariamente, pois se, por um lado, o processo de conhecimento nos impõe delimitá-lo, por outro, essa delimitação não significa que possamos ignorar as múltiplas determinações que constituem a realidade social.

> Investigar dentro da concepção da totalidade concreta significa buscar explicitar, de um objeto de pesquisa delimitado, as múltiplas determinações e mediações históricas que o constitui. A historicidade dos fatos sociais consiste fundamentalmente na explicitação da multiplicidade de determinações fundamentais e secundárias que os produzem (Frigotto, 2008, p. 44).

Nesta perspectiva, sua análise enfatiza que nas Ciências Humanas e Sociais está presente a necessidade da interdisciplinaridade na produção do conhecimento, em virtude do caráter dialético da realidade social, que é ao mesmo tempo una e diversa e da natureza intersubjetiva de sua apreensão.

Serviço Social, conhecimento e interdisciplinaridade

É no bojo da discussão dos dilemas da pesquisa no campo do Serviço Social, e também no campo da saúde, que situamos a presente reflexão. O Serviço Social é uma profissão que tem na questão social a base de sua fundação como especialização do trabalho (Iamamoto, 2007, p. 27; 2010, p. 277), tendo como objeto de sua intervenção as múltiplas expressões da questão social.

As Diretrizes Curriculares para o curso de Serviço Social no Brasil definem que o bacharel em Serviço Social é o profissional

> [...] que atua nas expressões da questão social, formulando e implementando propostas para seu enfrentamento, *com capacidade de promover* o exercício pleno da cidadania e a *inserção propositiva* dos usuários do Serviço Social *no conjunto das relações sociais* e no *mercado de trabalho* (CNE/CES, 2002, grifos nossos).

Nessa perspectiva, tanto o ato de intervir quanto o de pesquisar a multiplicidade de expressões da questão social pressupõem e exigem do profissional pesquisador que seja capaz de "apreender as mediações que envolvem a produção e a reprodução da questão social e suas múltiplas expressões que são objeto do trabalho do assistente social" (Iamamoto, 2008, p. 54), marca da indissociabilidade entre conhecimento e intervenção. Assinala Carvalho (2004, p. 165) que, no Serviço Social, o desafio maior será a construção de conhecimentos comprometidos com as demandas sociais em tempo histórico determinado.

O conceito "questão social" está aqui utilizado em consonância com a perspectiva de Iamamoto (2007), ou seja, para referir-se ao conjunto das expressões das desigualdades da sociedade capitalista, "que tem uma raiz comum: a produção social é cada vez mais coletiva, o trabalho torna-se mais amplamente social, enquanto a apropriação dos frutos mantém-se privada, monopolizada por uma parte da sociedade" (Iamamoto, 2007, p. 27).

As autoras Iamamoto (2007, 2008), Yazbek (2009), Raichelis (2009) e Martinelli (2011) têm assinalado a centralidade das expressões da questão social como matéria do Serviço Social, com destaque para a mediação fundamental das políticas sociais no exercício profissional.

Yazbek (2009, p. 139) afirma que

> [...] o trabalho do assistente social está profundamente condicionado pela trama das relações vigentes na sociedade e, sem dúvida, o atual cenário do desenvolvimento capitalista coloca para o Serviço Social contemporâneo novas demandas e competências, quer no nível de conhecimentos, quer no plano concreto da intervenção e negociação política no âmbito das Políticas Sociais.

Assim, torna-se importante assinalar que, se o ato de "intervir nos processos e mecanismos ligados ao enfrentamento da questão social, em suas mais agudas manifestações", é uma das particularidades do Serviço Social como profissão, a perspectiva da decifração do real com vistas à intervenção pertinente e assertiva "renova e se atualiza diante das diferentes conjunturas sociopolíticas" (Raichelis, 2009, p. 381).

Guerra (2012, p. 132) afirma que a disciplina de pesquisa passa a ser obrigatória na formação profissional do assistente social a partir do currículo de 1982. Na década de oitenta do século passado, a profissão se defronta com novas exigências teórico-práticas que são demandadas à profissão, requisitando análises e posturas cada vez mais críticas e radicais, que implicam a necessidade de "aportes teóricos que capacitem os assistentes sociais para a interlocução com outras áreas de produção do conhecimento" (Guerra, 2012, p. 133).

Netto (1996, p. 107), ao analisar a produção científica da área do Serviço Social na década de noventa do século XX, destaca que as agências oficiais de fomento já a reconheciam como área apta a receber recursos para a investigação, tanto em virtude do dinamismo no que tange ao lugar que a academia ocupa como espaço efetivo de construção do conhecimento, quanto devido à vasta produção da área materializada sob a forma de livros, capítulos, artigos, incluindo o periódico *Serviço Social & Sociedade*. Refere ainda que coincide com esse período a ampliação de demandas para participação em eventos nacionais e internacionais e suas respectivas produções. Conclui o autor que a "área de Serviço Social abriu-se a *amplo diálogo interdisciplinar*, promovendo a interlocução com importantes teóricos e intelectuais do país e do exterior" (Netto, 1996, p. 106-107, grifo nosso).

Relativo à importância da dimensão interdisciplinar na esfera da pesquisa, Mendes (2013) apresenta em sua análise as discussões tecidas no âmbito do Seminário promovido pelo CNPq em 2013, no qual registra a emersão de duas outras tendências adotadas por esse órgão de fomento que podem ser profícuas para a pesquisa na área do Serviço Social: **a primeira** refere-se ao novo critério adotado para avaliação das pesquisas encaminhadas ao CNPq, denominado Educação e Popularização de C & T, uma vez que é reconhecida a potencialidade investigativa de inserção no referido critério avaliativo, já que grande parte dos bolsistas da área apresentam em seu Curriculum Lattes número significativo de eventos organizados, livros publicados e organizados, palestras proferidas, matérias em jornais, revistas e TV, entre outros mecanismos de difusão científica; **a segunda** nova tendência, que começa a ser delineada no CNPq, é a perspectiva da interdisciplinaridade na pesquisa.

O documento elaborado pelo Comitê de Assessoramento da área de Serviço Social em 2013, em resposta ao pedido do CNPq, relativo às perspectivas e às possibilidades de interdisciplinaridade na pesquisa em Serviço Social, enfatiza aspectos importantes sobre a relação pesquisa no Serviço Social e interdisciplinaridade na pesquisa,

> A *perspectiva de trabalho interdisciplinar* é uma exigência intrínseca do próprio saber, como *um caminho novo para exploração mais intensa dos problemas*, da *análise* e *da gestão* e *intervenção social*, bem como *estratégia efetiva para o deslindamento* de seu significado político. Essa perspectiva indica um *caminho possível de amadurecimento entre as áreas*, considerando a incompletude que cada uma invariavelmente impregna. A interdisciplinaridade se define como um procedimento de copropriedade, de *interação e interlocução* que *exige um diálogo permanente entre os sujeitos* envolvidos em determinadas ações que demandam respostas, muitas vezes imediatas. Significa um alargamento do saber e a expansão e flexibilização no âmbito do conhecimento (Mendes; Almeida, 2013, p. 1, grifos nossos).

A sociedade capitalista se caracteriza pela fragmentação de todas as esferas da vida social, quer seja na esfera da produção, da "dispersão espacial e temporal do trabalho, até a destruição dos referenciais que balizavam a identidade de classe e as formas de luta de classes" (Chaui, 2006, p. 324). Para realizar uma análise aprofundada dessas configurações, é requerido de quem as realiza que se ancore em orientações teóricas capazes de captá-los não somente em suas particularidades, mas em suas múltiplas determinações, enquanto momentos de uma totalidade "viva, aberta e contraditória" (Ianni, 1999, p. 32).

Entende-se que a perspectiva da consolidação de trabalhos de pesquisas de natureza interdisciplinar pode se constituir numa importante possibilidade, e poderá gerar abertura para a construção de pontos de vista compartilhados e mais comprometidos com perguntas e respostas de nosso tempo.

Diálogo "entre" a dimensão local, regional e internacional

Um dos desafios para esse "alargamento do saber e a expansão e flexibilização no âmbito do conhecimento" (Mendes; Almeida, 2013) assinalada anteriormente consiste na necessidade de fazer emergir o diálogo *da* e *na* produção de conhecimento, de estudos e de pesquisas no país, fazendo-os transitar no espaço da ciência no Brasil e para além dele. Há um imperativo epistemológico e ético que nos impele a divulgar o conhecimento, num tempo em que as fronteiras do saber se ampliam e o território da produção científica se expande em todas as direções. Mas não podemos perder de vista que há questões bastante prementes que nos unem e que nos afastam dos dilemas vividos em outros cenários. Daí nossa preocupação de que a alteridade não seja a marca da escolha da produção internacional.

Torna-se importante registrar que as diretrizes atuais presentes nos editais de fomento têm dado "ênfases à construção de um novo modelo de pesquisa em rede ou multicêntrica com participação de vários grupos localizados em diferentes instituições e mesmo em diferentes estados ou países" (Minayo, 2012b, p. 16), em consonância com a tendência internacional. A participação nessa modalidade de pesquisa exige dos pesquisadores um contínuo processo de aprendizado que lhes possibilite tecer um diálogo com seus pares deste e de outros países, atravessando mentalidades, valores, temporalidades diferentes, ao mesmo tempo que constituem sua própria visão de mundo, buscando construir uma relação de sentido, de convergência e de sinergia (Joazeiro, 2015).

No que tange ao campo da Saúde, Luz e Mattos (2010, p. 1946), apresentaram os resultados de estudo cujo objetivo geral foi o de avaliar qualitativamente a expansão da área da Saúde Coletiva, tendo como fonte de informação dois instrumentos de análise da produção científica e tecnológica da área: 1) a produção levantada e analisada dos resumos dos anais dos quatro últimos congressos trienais de Saúde Coletiva no país, organizados pela Associação Brasileira de Pós-Graduação em Saúde Coletiva (Abrasco), realizados no período de 1997 a 2006; 2) um conjunto de artigos de periódicos indexados nas bases SciELO e Datacapes, em relação ao mesmo período e referentes à área como um todo.

Nesse estudo, os pesquisadores almejavam ainda estimar o crescimento da importância da área no cenário científico e social brasileiro no último decênio, através da análise de aspectos e dimensões substantivas, tendo enfatizada a avaliação do caminho realizado pelo campo, face ao processo social conhecido como saúde/doença, portanto, relativo aos avanços e recuos da sociedade brasileira no lidar com o adoecimento ou com a promoção, conservação ou recuperação da saúde. Segundo os autores, buscava-se, em última instância, constatar em que direções temáticas, com que ferramentas de abordagem e em que campos disciplinares a área avançou durante a década.

Esse estudo apresenta nas suas considerações preliminares que,

i. Na última década, a grande área da Saúde Coletiva expandiu-se ao interior de suas três subáreas (epidemiologia, planejamento/gestão e serviços de saúde e ciências humanas), incorporando linguagem, métodos e contribuição conceitual das humanidades, ou seja, de disciplinas tanto teóricas como aplicadas de sociologia, antropologia, filosofia, psicologia, psicologia social, história, direito, *serviço social*, bioética e educação;

ii. A análise dos resumos dos trabalhos mostrou-os menos técnicos e normativos que na década anterior, conforme era habitual e tradicional do campo da Saúde Pública, com a tendência a incorporar métodos qualitativos de abordagem, conceitos e mesmo temas das ciências sociais;

iii. Uma tendência a uma maior interatividade entre os programas, tanto com as comunidades quanto com as instituições, tendo sido marcante na área de planejamento, gestão e serviços de saúde, entre profissionais e gestores e no cuidado de implementação do SUS (Luz; Matos, 2010, p. 1952).

A análise da produção dos periódicos evidenciou o aumento da quantidade de autores que escrevem sobre o campo da Saúde Coletiva nos últimos dez anos, o que "parece indicar um esforço das três áreas para compreender e caracterizá-las como *interdisciplinares*, assim como para buscar uma aproximação *conceitual e metodológica entre disciplinas*" (Luz; Matos, 2010, p. 1952, grifos nossos).

Frigotto (2008), partindo do campo educacional, apresenta sua perspectiva analítica sobre a questão da interdisciplinaridade. Afirma que, ao contrário do que se tem enfatizado, a interdisciplinaridade não consiste apenas numa questão de método de investigação, nem de técnica, tampouco de didática, a despeito de que importantes dificuldades se manifestem neste plano. Segundo o autor, a interdisciplinaridade se impõe como necessidade e como problema fundamentalmente no plano material histórico-cultural e no plano epistemológico (op. cit., p. 42).

Afirma o autor que a interdisciplinaridade se apresenta como problema: 1) pelos limites do sujeito que busca construir o conhecimento de uma determinada realidade; 2) pela complexidade desta realidade, em decorrência de seu caráter histórico, "essa dificuldade é potenciada pela forma específica através da qual os homens produzem a vida de forma cindida, alienada no interior da sociedade de classe" (Frigotto, 2008, p. 47).

O autor, de um lado, assinala a necessidade do trabalho interdisciplinar no campo das Ciências Sociais, contudo, há que se destacar que a prática efetiva de um trabalho interdisciplinar se explicita como problema, sobretudo no plano material, histórico e cultural e no plano epistemológico.

Torna-se oportuno nos indagarmos qual perspectiva analítica podemos utilizar para a reflexão sobre o lugar que a interdisciplinaridade e a transdisciplinaridade podem ocupar no âmbito da pesquisa nacional e internacional. E em que medida a produção da pesquisa internacional nos desafia a pensar a nós mesmos, nossa história, ao mesmo tempo que nos coloca em contato com a história, com os fundamentos, as tensões constitutivas e com outras e múltiplas identidades e cosmologias de outros modos de pensar, compreender ou intervir nas vidas dos outros.

Uma análise atenta da perspectiva analítica que Pereira (2014, p. 27) denomina "como principais traços da interdisciplinaridade como paradigma epistemologicamente mais trabalhado, embora não esgotado, da concertação de saberes com vista ao conhecimento mais denso e abrangente de realidades complexas", cuja compreensão desses traços nos auxilia a refletir sobre a busca da decifração das múltiplas dimensões presentes na sociabilidade moderna, bem como dos desafios postos para a intervenção *na* e *entre* as políticas sociais diversas.

Japiassu (1976) afirma em sua obra que a interdisciplinaridade surgiu não do avanço real da ciência, uma vez que o saber chegou a "um esmigalhamento, que a exigência interdisciplinar mais parece, em nossos dias, a manifestação de um lamentável estado de carência" (op. cit., p. 30). Segundo Vasconcelos (2010, p. 47), a interdisciplinaridade é entendida como estrutural, havendo reciprocidade, enriquecimento mútuo, com uma tendência à horizontalização da relação de poder entre os implicados. Já a transdisciplinaridade implica uma radicalização do nível anterior, com a criação de um campo teórico, operacional ou disciplinar de tipo novo ou mais amplo (Vasconcelos, 2010, p. 48).

A exemplo de Severino (1995, p. 15), também julgamos ser fundamental buscar construir caminhos de interdisciplinaridade, uma vez que "inclui um necessário acerto de contas com o Positivismo, bem como uma reavaliação de sua herança". Outro aspecto importante nessa busca é que ela "não significa a defesa de um saber genérico, enciclopédico, eclético ou sincrético. Não se trata de substituir as especialidades por generalidades, nem o seu saber por um saber geral, sem especificações e delimitações" (Severino, 1995, p. 15).

O autor define que a unidade do interdisciplinar se pauta pela busca da "substituição de uma Ciência fragmentada por uma Ciência unificada, ou melhor, pleiteia-se por uma concepção unitária contra uma concepção fragmentária do Saber científico, o que repercutirá de igual modo nas concepções de ensino, da pesquisa e da extensão" (Severino, 1989, p. 15-16).

Minayo afirma ainda que há um uso interdisciplinar constituído externamente através de campos operativos que articulam ciência, técnica e política, sobretudo por meio de intervenções sociais, como é o caso da saúde. Todavia, quando se busca refletir sobre o lugar da interdisciplinaridade nas universidades, o debate que existe tende a se concentrar no diagnóstico sobre a excessiva especialização e a impotência unidisciplinar de responder às pretensões do conhecimento. Minayo (1994, p. 61) afirma que há uma "interdisciplinaridade implícita" não dita, interna, própria da racionalidade científica, que acaba criando disciplinas em virtude do avanço de conhecimentos.

Herdeiro deste modo de pensar, Sinaceur afirma que no espaço da universidade há uma "tentação à síntese precipitada". Segundo o autor,

> Isso explica por que, transferida para as universidades, *onde não decidimos*, mas *onde estudamos problemas*, a interdisciplinaridade se perde na reflexão sobre as relações entre disciplinas, entre as especialidades e a tentação de ver ali as premissas de uma nova filosofia da síntese, da coordenação, da unificação. Os mais lúcidos conduzem pesquisas de confrontação interdisciplinar sobre problemas cujo sentido é o caráter de tomada de decisão ou político: problemas de paz, de meio ambiente, de escolarização, do impacto da ciência e da tecnologia, etc. Inversamente, e pela mesma razão, a interdisciplinaridade é necessária onde as especialidades são institucionalizadas, em setores especializados em que a coordenação, ao mesmo tempo que elabora uma síntese específica de informações heterogêneas e especiais, cujo fim é, sempre e em todos os lugares, um objetivo de ação (Sinaceur[1], 1977, p. 625, grifos nossos).

Julgamos pertinente e necessário no âmbito dessa reflexão considerar a perspectiva analítica de Minayo (1994), que ao discutir o lugar que a interdisciplinaridade tem ocupado nos debates, enfatiza ser necessário compreender a importância que pode representar a interdisciplinaridade e a transdisciplinaridade, mas que ambas não podem ser tomadas como alternativas indicadas para todos os fins.

A síntese construída pela autora (Minayo, 1994) é aqui destacada para contribuir para a reflexão de que a interdisciplinaridade

---

1. Original em francês, tradução livre da autora.

não pode ser acolhida ingenuamente como se fosse uma resposta para os males do campo científico; o conceito em questão está marcado por preocupações epistemológicas, em todas as épocas históricas no campo da ciência, devendo receber um tratamento diferenciado no mundo contemporâneo, considerando-se as condições de produção do saber. Na ponderação, continua a autora, do ponto de vista prático a experiência tem mostrado que, frente a temas complexos impossíveis de serem tratados isoladamente, os êxitos dependem: i) de reunião de pessoas capazes e dispostas a dialogar; ii) de reunião de pessoas competentes em suas áreas disciplinares dispostas a compreender a problemática específica da matéria que se coloquem numa perspectiva de colaboração; iii) que do diálogo e da competência redunde a discussão de conceitos, a triangulação metodológica e a colaboração na análise dos resultados; ancorados na discussão de conteúdo social e ético da produção científica (Minayo, 1994, p. 61-62).

> [...] as funcionalidades cada vez mais velozes na prática científica e as controvérsias sobre inter e transdisciplinaridade não podem escamotear um debate crítico sobre o esfacelamento do conhecimento, os encastelamentos de saber e poder, a alienação do processo de conhecimento em relação ao mundo da vida. A universidade como qualquer instituição que se mantém através da verba pública tem um encontro marcado com o desenvolvimento científico e tecnológico do país, mas também com o drama social no qual está imersa a maioria da população.

A Universidade pública brasileira tem, na atualidade, um importante papel a desempenhar no processo de internacionalização do conhecimento. Destaco aqui, de modo especial, os Programas de Pós-Graduação, que enfrentam hoje o desafio de fazer a travessia do seu modo histórico de produção do conhecimento, para uma modalidade de produção do saber que nos tem sido demandada, que é a de estabelecer uma sólida interlocução com os demais campos de conhecimento que possuem relevância acadêmica no cenário mundial. Contudo, ao fazê-lo, não poderemos abdicar de nossa ancoragem nas dimensões apontadas por Minayo (1994, p. 61), nesse "encontro marcado com o desenvolvimento científico e tecnológico do país, mas também com o drama social no qual está imersa a maioria da população".

Pesquisa Internacional e Ciência: o desafio de consolidar um caminho em direção à internacionalização

Nesse momento, tendo em vista o propósito de fazer uma breve reflexão sobre nossa própria experiência na realização de pesquisa numa relação de cooperação com universidades e com centros de pesquisa da Europa (vide Figura 1), especificamente, remetemo-nos aqui à nossas pesquisas na *Aix-Marseille Université*, França e no Estudo Multicêntrico Brasil, França e Argélia (Scherer, 2018) do qual participamos como pesquisadora desde o ano 2013, cujos itinerários de construção de conhecimento têm sido registrados, respectivamente, nas obras de Joazeiro (2002, 2008, 2015 e 2018) e Scherer et al. (2015 e 2018). Contudo, propomo-nos aqui a abordar não a obra, mas a experiência vivida, com base na bela reflexão tecida por Canguilhem citada por Schwartz (2000), em que o autor assinala a obra como um traço do seu ofício.

Nessa perspectiva, o ofício está entendido como o fazer da atividade humana industriosa do pesquisador, no encontro entre experiência e conhecimentos vários requeridos, os da profissão, os da formação, os do social, os da história em processo de construção na sua tensão com as relações de poder e de saber, tanto aqueles que se criam, no aqui e agora, como os oriundos *da* e *na* realização da atividade de trabalho do pesquisador. Remete tanto à invisibilidade ou às antecipações, uma vez que o homem "figura na mente sua construção antes de transformá-la em realidade" (Marx, 2002, p. 211 *et seq*.), cujo "figurar na mente" é exteriorizado graças às microescolhas, decisões e gestões que, no caso do pesquisador, são realizadas no encontro com a pesquisa e com a realidade a ser decifrada. Desse modo, o ofício transcende o que se denomina comumente por ofício, aliás, o engloba, e remete ao tempo imemorial da história da humanidade e, pois, àquela construção da relação do homem com a natureza e às modificações sofridas ao longo da História passada e da História em processo de construção.

Referimo-nos à experiência de conviver no *Département d'Ergologie* na *Aix-Marseille Université,* tanto no período de realização da pesquisa de doutorado, quanto na pesquisa de pós-doutorado, tendo como objetivo aprender, compartilhar nossas dúvidas e aprofundar o aporte conceitual sobre o uso de ferramentas analíticas para pesquisa a ser realizada no Brasil. Essa convivência no cenário de pesquisa internacional se constituiu numa importante experiência e oportunidade ímpar de contínua busca de tessitura de diálogo com pesquisadores de inúmeras universidades e centros de pesquisa franceses (Joazeiro, 2018, p. 44 *et seq*.).

O diálogo com pesquisadores que desenvolvem seus estudos buscando a compreensão do tema trabalho mediante o uso do dispositivo denominado Grupos de Encontro do Trabalho (GRT) em diferentes cenários nos permitiu uma dupla inflexão: a de possibilitar aos pesquisadores colocar em palavras os saberes amealhados na realização dessa atividade de trabalho de animação de GRT, ao mesmo tempo que contribuiu para a criação de

Figura 1 — Atividades realizadas nas diversas cidades na Etapa Francesa da Pesquisa.

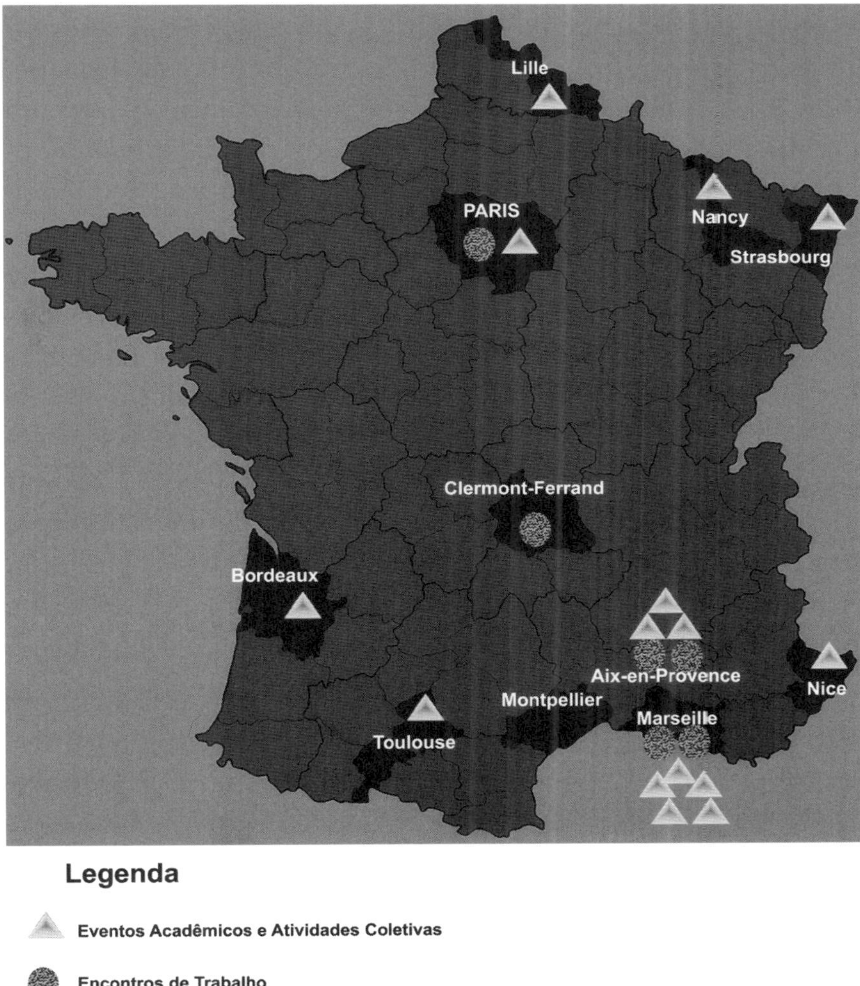

Fonte: Figura produzida pela autora (Joazeiro, 2018, p. 44).

um espaço de debate sobre o desenho do nosso projeto. Além de ter permitido, nos encontros de trabalho com os autores e nas discussões de projetos de pesquisa na Universidade, reiteradas manifestações sobre o valor de se criar um dispositivo que envolvesse os protagonistas da atividade de Supervisão Acadêmica e de Campo no processo de formação em Serviço Social. Esses debates de ideias, bem como o compartilhamento de incertezas, de preocupações, em muito contribuiu para a ancoragem de nossa pesquisa, que oportunamente foi realizada no Brasil (Joazeiro, 2015; 2018), cujo ponto de ancoragem pressupunha construir um alicerce sólido que permitisse ser capaz de gerir as dificuldades da implantação e a consolidação dos GRT Locais e do Seminário Regional, uma vez que o projeto abrangeu um território (Santos, 2006, p. 13) de grandes dimensões, já que a etapa da pesquisa de campo propriamente dita implicava na organização, na realização e na análise do material discutido nos Grupos de Encontros de Trabalho com os Supervisores Acadêmicos e de Campo de duas Unidades de Formação Acadêmica da Microrregião de Campinas, no interior do Estado de São Paulo, bem como requeria também a organização e a realização de um **Seminário Regional** com a presença de todos os participantes da pesquisa, incluindo a Docente-Orientadora do Programa Pós-Graduados da PUC-São Paulo, a Prof. Dr. Maria Lúcia Martinelli, bem como teve a contribuição escrita materializada sob a forma de um texto preparado pelo Réfferent Officiel no *Département d'Ergologie*, o filósofo, professor emérito da Université de Provence e criador da Abordagem Ergológica, professor Yves Schwartz.

Interessa-nos aqui destacar o desafio que está posto para a pesquisa internacional, no sentido de que esse processo de aproximação se constitua num itinerário de suspensão das certezas prévias, de ampliação do diálogo e de construção de espaços de aproximação entre os pesquisadores, nos quais é requerido que sejamos capazes de compartilhar nossas inquietações, preocupações, bem como os resultados dos trabalhos de pesquisa e a própria produção do conhecimento.

Destacamos ainda nossa experiência em estudo multicêntrico, uma vez que a participação nesse tipo de pesquisa pressupõe que cada pesquisador se coloque como partícipe de um projeto amplo, que investiga situações com diversos níveis de complexidade, no qual o seu saber deverá ser colocado no centro da prática de conhecimento. Contudo, a condução do processo precisa ser partilhada com diversos outros saberes colocados em movimento.

Remetemo-nos a nossa experiência como pesquisadora participante do Estudo Multicêntrico, financiado pelo CNPq, denominado *Problemas e desafios no trabalho contemporâneo de profissionais de saúde em Hospitais Universitários: estudo comparado Brasil, França e Argélia*, que sob a coordenação da Prof.ª Dr.ª Magda Duarte dos Anjos Scherer, docente e pesquisadora da Universidade de Brasília (UnB), reuniu um conjunto de pesquisadores de quatro universidades: do Departamento de Saúde Coletiva, de Enfermagem e de Psicologia da Universidade de Brasília (UnB); do Departamento de Enfermagem da Universidade Federal de Santa Catarina (UFSC); da Faculdade de Medicina da Université Aboubekr Belkaid, na cidade de Tlemcen, na Argélia, e do *Institut d'Ergologie*, da *Aix-Marseille Université*, Marseille, França (Scherer et al., 2018).

O estudo envolvendo quatro hospitais universitários — na Argélia, o Hospital Universitário de Tlemcen (CHU Tlemcen); no Brasil, o Hospital da Universidade de Brasília (HUB), situado na Região Centro-Oeste, e o Hospital da Universidade Federal de Santa Catarina (HU-UFSC), situado na Região Sul; e na França o Hospital Timone da Assistência Pública, Hospitais de Marseille (AP-HM), situado na cidade de Marseille — implicou numa intensa busca de convergência e de indagações sobre o trabalho dos profissionais da saúde em hospitais em diferentes contextos, o que exigiu das equipes de pesquisa a construção de aportes teórico-metodológicos que permitissem, mediante o recorte do estudo, produzir um ponto de vista sobre complexidade do trabalho e seus desafios.

A produção desse estudo, as missões de trabalho, a pesquisa de campo, os seminários realizados nos três países, as participações em inúmeros congressos permitiram dar visibilidade a este universo profundamente marcado pelo uso da tecnologia, que está diuturnamente desafiado a produzir cuidados, defender a vida e formar novas gerações de profissionais da saúde.

Essa experiência tem nos ensinado a importância da mutualidade, da convivência e da tessitura de relações de parceria entre os pesquisadores dos quatro países, como um dos aspectos fundamentais para dar continuidade a relevantes estudos ancorados em questões, ao mesmo tempo, de natureza científica, pedagógica, epistemológica e política, cujos desafios nos mantiveram unidos no decorrer do processo de construção desse e de outros estudos ora em curso.

A própria delimitação do objeto de estudo tende a requerer a convergência de propósitos, de uso de tecnologias e de fontes de informação. Todavia, a presença da diversidade de territórios, de línguas, de fuso horário, de cultura, de marcos históricos, legais e societais requisita *das* e *nas* equipes de pesquisa o desenvolvimento de um espaço de respeito mútuo, de confiança e de busca continuada de superação das adversidades de cada etapa do estudo, além de requerer a gestão dos resultados da pesquisa, num espaço marcado pelas múltiplas variabilidades supramencionadas, acrescidas dos desafios da gestão da temporalidade da pesquisa, cujo cronograma previamente produzido tende a requerer contínuos ajustes para coadunar propósitos, objetivos e o aqui-agora da pesquisa e da história em processo de construção.

Cumpre destacar que a participação e a organização de Seminários, Congressos, constitui uma exigência no ofício do pesquisador, a produção de textos materializados em artigos e livros visa dar acesso e visibilidade à comunidade científica e à sociedade em geral dos produtos dos estudos. Contudo, é fundamental considerar que, acima de tudo, o que se busca construir nesses cenários é uma postura de pesquisa e de pesquisador que seja capaz de fazer essa travessia, ou nas palavras de Ianni (2003), na metáfora da viagem, que atravesse o tempo, a história, o espaço e que vá ao encontro da construção de perguntas e em busca de respostas, na nossa perspectiva analítica. Esse é o próprio sentido do trabalho do pesquisador.

O autor e pesquisador Georges Canguilhem, ao receber convite para ser homenageado pela importância de seu trabalho e de sua obra para a Ciência, numa breve mensagem registra a impossibilidade de sua participação, decorrente das condições objetivas de saúde, agradece a homenagem e afirma que deixará ao público "sua obra [...] traço de seu ofício". Concordamos com Canguilhem, ao destacar a obra como traço do ofício do pesquisador e, nessa medida, entendemos que o ofício do pesquisador individual ou coletivo é o grande desafio para o qual somos chamados na decifração dos dilemas postos na contemporaneidade.

Considerações finais

Ao tecer essa análise sobre a interdisciplinaridade na pesquisa, destacamos o valor da postura interdisciplinar na busca de um diálogo entre disciplinas e para além delas. Contudo, esse diálogo precisa ter no horizonte a construção de alternativas ante os limites que estão presentes *na* sociedade moderna.

A universidade tem um importante papel na construção de novas pesquisas e na formação de pesquisadores, urge investir na construção de uma postura dialógica, marcada pela riqueza do diálogo e da competência ancorada na discussão de conceitos, na triangulação metodológica e de fontes, num espaço onde se valorize a participação de docentes, pesquisadores e discentes dispostos a colaborar com a análise de questões prementes de nossa época, envolvendo-se na busca da tessitura de relações sinérgicas e comprometidas com o tempo presente e com o tempo que há de vir.

Ao defender a postura da produção do conhecimento circunscrita para o diálogo exclusivamente intradisciplinar, incorremos no risco de não compreender a potência que emerge da possibilidade da produção do conhecimento na intersecção entre os saberes de diversas disciplinas. Essa incompreensão pode reiterar a perspectiva que fragmenta o saber e que o condena a coexistir em espaços circunscritos e delimitados, como se não fossem interdependentes e não se interpenetrassem.

Acima de tudo, a interdisciplinaridade pressupõe uma postura dialógica, respeitosa em relação às múltiplas formas de não saber relativo, mas pressupõe principalmente a ousadia da busca de construir coletivos de geometria variável, capazes de fazer a travessia entre o conforto do conhecido, rumo ao horizonte do vir a ser, da história em processo de construção.

> Sem sair do lugar, pode-se viajar longe, no tempo e no espaço, na memória e na história, no pretérito e no futuro, na realidade e na utopia. [...] Quem viaja larga muita coisa na estrada. Além do que larga na partida, larga na travessia. À medida que caminha despoja-se. [...] À medida que viaja, o viajante se desenraíza, solta, liberta. Pode lançar-se pelos caminhos e pela imaginação, atravessar fronteiras e dissolver barreiras, inventar diferenças e imaginar similaridades. [...]

> Tanto se perde como se encontra, ao mesmo tempo que se reafirma e modifica. No curso da viagem há sempre alguma transfiguração, de tal modo que aquele que parte não é nunca o mesmo que regressa (Ianni, 2003, p. 29-31).

Referências

BABER, B. *Science and the Social Order*. Nova York: Collier Books, 1970. (Edição original: 1952).

BRASIL. CNE/CES. *Diretrizes Curriculares para os Cursos de Serviço Social*. Resolução n. 15, de 13 de março de 2002.

CARVALHO, D. B. B. de. O ensino do trabalho profissional — Perspectiva Capes. *Temporalis*, Brasília, ano IV, n. 8, p. 165-170, jul./dez. desafio maior

CATANI, A. M. et al. (Orgs.). *Vocabulário Bourdieu*. 1. ed. Belo Horizonte: Autêntica, 2017.

CHAUI, M. *Cultura e democracia*: o discurso competente e outras falas. São Paulo: Cortez, 2006.

FERREIRA, A. B. de H. *Dicionário Aurélio de Língua Portuguesa*. 5. ed. Curitiba: Positivo, 2010.

FRIGOTTO, G. A interdisciplinaridade como necessidade e como problema nas Ciências Sociais. *Revista do Centro de Educação e Letras da UNIOESTE*. Campus de Foz do Iguaçu, v. 10 n. 1, 1° semestre de 2008. Disponível em: <http://www.gestaoescolar.diaadia.pr.gov.br/arquivos/File/sem_pedagogica/fev_2014/NRE/2interdisciplinaridade_necessidade.pdf>. Acesso em: 20 out. 2018.

GUERRA, Y. A Pós-Graduação em Serviço Social no Brasil: um patrimônio a ser preservado. *Temporalis*, v. 11, n. 22, p. 125-158, fev. 2012. ISSN 2238-1856. Disponível em: <http://periodicos.ufes.br/temporalis/article/view/2141/1607>. Acesso em: 31 mar. 2018. doi: https://doi.org/10.22422/2238-1856.2011v11n22p125-

IAMAMOTO, M. V. *O Serviço Social na contemporaneidade*: trabalho e formação profissional. 11. ed. São Paulo: Cortez, 2007.

______. *Serviço Social em tempo de capital fetiche*: capital financeiro, trabalho e questão social. 3. ed. São Paulo: Cortez, 2008.

______. Posfácio. Questão social, família e juventude. Desafios do trabalho do assistente social na área sociojurídica. In: Sales, M. A.; Matos, M.; LEAL, M. C. (Orgs.). *Política social, família e juventude*: uma questão de direitos 2. ed. São Paulo: Cortez, 2010.

IANNI, O. A sociologia e as questões sociais na perspectiva do século XXI. In: SANTOS, J. V.; GUGLIANO, A. A. *A sociologia para o século XXI*. Pelotas: Educat, 1999.

______. *Enigmas da modernidade-mundo*. 3. ed. Rio de Janeiro: Civilização Brasileira, 2003.

JAPIASSU, H. *A Interdisciplinaridade e a patologia do saber*. Rio de Janeiro: Imago, 1976.

JOAZEIRO, E. M. G. *Estágio supervisionado*: experiência e conhecimento. Santo André, SP: ESETec, 2002.

______. *Supervisão de estágio:* formação, saberes, temporalidades. Santo André, SP: ESETec, 2008.

______. Social Work and Professional training: tension among Rationalities, Temporalities and Relationships. In: SILVA, A. M. C.; APARICIO, M. T. *International handbook of professional identites*. 1. ed. CA, USA: Scientific & Academic Publishing, 2015, v. 1.

______. *Supervisão acadêmica e de campo*: relação entre saberes. Teresina: EDUFPI, 2018.

KHUN, T. *A estrutura das revoluções científicas*. São Paulo: Perspectiva, 1987.

LUZ, M. T.; MATTOS, R. da S. Dimensões qualitativas na produção científica, tecnológica e na inovação em Saúde Coletiva. *Ciênc. Saúde Coletiva*. Rio de Janeiro, v. 15, n. 4, p. 1945-1953, July 2010. Disponível em: <http://www.scielo.br/scielo.php?script=sci_arttext&pid=S1413-81232010000400010&lng=en

&nrm=iso>. Acesso em: 30 mar. 2018. http://dx.doi.org/10.1590/S1413-81232010000400010.

MARTINELLI, M. L. O Serviço Social e a consolidação de direitos: desafios contemporâneos. *Serviço Social & Saúde*, ano X, n. 12, p. 1-17, dez. 2011.

MARX, K. Processo de trabalho e processo de produzir mais-valia. In: MARX, K. *O capital:* o processo de produção do capital, 20. ed. Rio de Janeiro: Civilização Brasileira, 2002.

MENDES, J. M. R.; ALMEIDA, B. de L. F. de. *A perspectiva da pesquisa multi e interdisciplinar no CNPq pelo comitê de assessoramento de Psicologia e Serviço Social (CA-PS)*. Programa de Serviço Social. Brasília: CNPq, 2013.

______. As recentes tendências da pesquisa em Serviço Social. *Serv. Soc. Soc.*, São Paulo, n. 120, p. 640-661, dez. 2014. Disponível em: <http://www.scielo.br/scielo.php?script=sci_arttext&pid=S0101-66282014000400003&lng=pt&nrm=iso>. Acesso em: 31 mar. 2018. http://dx.doi.org/10.1590/0101-6628.002.

MERTON, R. K. Science and the Social Order. In: BARBER, B.; HIRSCH, W. (Orgs.). *The Sociology of Science*. Nova York: Free Press, 1962.

MINAYO, M. C. S. Interdisciplinaridade: funcionalidade ou utopia? *Saúde e Sociedade*, v. 3, n. 2, p. 42-64, 1994. Disponível em: <http://www.scielo.br/pdf/sausoc/v3n2/04.pdf.>. Acesso em: 20 out. 2018.

______. *O desafio do conhecimento*: pesquisa qualitativa em saúde. 4. ed. São Paulo-Rio de Janeiro: Hucitec-Abrasco, 1996.

______. (Org.). *Pesquisa social*. Teoria, método e criatividade. 32. ed. Petrópolis: Vozes, 2012a.

______. Global & local, meritocrático & social: o papel da Ciência e Tecnologia em Saúde Coletiva no Brasil. *Tempus Actas de Saúde Coletiva*, v. 6, n. 2, p. 11-26, 2012b.

MOREL, R. *Ciência e Estado*: a política científica no Brasil. São Paulo: T. A. Queiroz, 1979.

NETTO, J. P. Transformações societárias e Serviço Social: notas para uma análise prospectiva da profissão. *Serv. Soc. Soc.*, São Paulo, ano 17, n. 50, p. 87-132, abr. 1996.

ODDONE, I. et al. *Redécouvrir l'expérience ouvrière* — vers une autre psychologie du travail? Paris: Editions Sociales, 1981.

PEREIRA, P. A. P. A intersetorialidade das políticas sociais na perspectiva dialética. In: MONNERAT, G. L.; ALMEIDA, N. L.; SOUZA, R. G. (Org.). *A intersetorialidade na agenda das políticas sociais*. Campinas, SP: Papel Social, 2014.

RAICHELIS, R. O trabalho do assistente social na esfera estatal. In: CFESS/ ABEPSS. *Serviço Social*: direitos sociais e competências profissionais. Brasília, DF: CFESS/ABEPSS, 2009.

SANTOS, M. O dinheiro e o território. In: SANTOS, M. et al. *Território e territórios*: ensaios sobre o ordenamento territorial. Rio de Janeiro: DP&A Editora, 2006.

SCHERER, M. D. A.; JOAZEIRO, E. M. G. Trabalho coletivo em hospitais de ensino: desafios e reservas de alternativas. In: ARAÚJO, J. N. G.; FERREIRA, M. C.; ALMEIDA, C. P. *Trabalho e saúde*: cenários, impasses e alternativas no contexto brasileiro. São Paulo: Opção Editora, 2015.

SCHERER, M. D. A. et al. Desafios para o trabalho em saúde: um estudo comparado de hospitais universitários na Argélia, Brasil e França. *Ciênc. saúde coletiva,* Rio de Janeiro, v. 23, n. 7, p. 2265-2276, jul. 2018. Disponível em: <http://www.scielo.br/scielo.php?script=sci_arttext&pid=S1413-81232018000702265&lng=pt&nrm=iso>. Acesso em: 30 jul. 2018.

SCHWARTZ, Y. Introduction. Métier et Philosophie. In: SCHWARTZ, Y. *Le paradigma ergologique ou un métier de Philosophie.* Toulouse: Octares, 2000.

SEVERINO, A. J. Subsídios para uma reflexão sobre novos caminhos da interdisciplinaridade. In: MARTINS DE SÁ, J. L. (Org.). *Serviço Social e interdisciplinaridade:* dos fundamentos, filosóficos à prática interdisciplinar no ensino, pesquisa e extensão. São Paulo: Cortez, 1989, p. 11-21.

______. O uno e o múltiplo: conhecimento da verdade e exercício do poder. In: MARTINELLI, M. L.; RODRIGUES, M. L. (Orgs.). *O uno e o múltiplo nas relações entre as áreas do saber*. São Paulo: Cortez, 1995.

SINACEUR, M. A. Qu'est ce que l'interdisciplinarité? *Rev. Inter. Sci. Soci.*, n. 29, p. 617-626, 1977. Disponível em: <http://unesdoc.unesco.org/images/0013/001368/136863fo.pdf>. Acesso em: 20 out. 2018.

VASCONCELOS, E. M. Serviço Social e interdisciplinaridade: o exemplo da Saúde Mental. *Serv. Soc. Soc.*, São Paulo, n. 54, p. 132-157, jul. 1997.

______. Serviço Social e interdisciplinaridade: o exemplo da Saúde Mental. In: ROSA, L. C. S. et al. (Org.) *Saúde Mental e Serviço Social*: o desafio da subjetividade e da interdisciplinaridade. São Paulo: Cortez, 2010.

YAZBEK, M. C. O significado sócio-histórico da profissão. In: CFESS/ABEPSS. *Serviço Social*: direitos sociais e competências profissionais. Brasília, DF: CFESS/ABEPSS, 2009.

A prática interdisciplinar no estágio supervisionado: a experiência do Serviço de Acolhimento em Família Acolhedora — SAPECA

Jane Valente*

* Jane Valente, cujo nome completo é Janete Aparecida Giorgetti Valente, tornou-se mais conhecida por essa denominação abreviada.

O Serviço de Acolhimento em Família Acolhedora — SAPECA pertence à estrutura da Secretaria Municipal de Assistência Social, Direitos Humanos e Pessoa com Deficiência da Prefeitura Municipal de Campinas/SP. É um serviço da proteção social especial de alta complexidade da Política Nacional de Assistência Social e atende crianças e adolescentes afastados da família por medida protetiva, aplicada pela Vara da Infância e da Juventude. Sua equipe profissional é formada por assistentes sociais, psicólogos, administrativo, motorista, auxiliar de limpeza e segurança. Conta com uma supervisão institucional realizada por uma psicóloga e com voluntários que exercem apoio nos grupos realizados com as famílias acolhedoras e com as crianças e adolescentes. Tem sido campo de estágio para as áreas de Serviço Social e de Psicologia. Já existiu também estágio em Pedagogia. Os estagiários participam diretamente da sua área específica, sob supervisão profissional, e o que se pretende mostrar aqui é a atuação destes, em conjunto com a equipe, de todas as etapas da metodologia do serviço.

Como uma medida de proteção, o serviço realiza um trabalho psicossocial levando sempre em consideração o caráter excepcional e provisório do acolhimento. A sua metodologia envolve uma atenção especial à família de origem, objetivando o retorno da criança à sua família, desde que de forma protegida. Para isso procura oferecer à família a possibilidade de acesso à rede pessoal e de serviços, com trabalhos de orientação psicossocial individual, no grupo familiar, nos grupos familiares entre si e com os serviços da comunidade.

Como família de origem são considerados os pais biológicos, como também outros parentes — família extensa, com quem a criança mantém relações de afinidade. Após esse retorno continuam, família e criança e/ou adolescente, em acompanhamento pela rede de serviços por seis meses, incluindo o próprio SAPECA.

Assumindo como necessidade fundamental e prioritária a preparação da reintegração familiar de forma protegida, realiza o acompanhamento à família de origem/extensa, em corresponsabilidade com a rede de proteção e a Vara da Infância e da Juventude, para que, com qualidade, as ações possam ocorrer de maneira ágil, como o próprio momento da criança e do adolescente exige. Na impossibilidade de retorno à família de origem/extensa, deve ser realizado o trabalho de encaminhamento para uma família substituta, garantindo assim o direito à convivência familiar e comunitária.

> Torna-se necessário desmistificar a idealização de uma dada estrutura familiar como sendo a "natural", abrindo-se caminho para o reconhecimento da diversidade das organizações familiares no contexto histórico, social e cultural. Ou seja, não se trata mais de conceber um modelo ideal de família, devendo-se ultrapassar a ênfase na estrutura familiar para enfatizar a capacidade da família de, em uma diversidade de arranjos, exercer a função de proteção e socialização de suas crianças e adolescentes (Brasil, 2006).

Conta no desenvolvimento de suas ações com a família acolhedora, entendida aqui como aquela que voluntariamente tem a função de acolher em seu espaço familiar, pelo tempo que for necessário, a criança e/ou o adolescente que, para ser protegido, foi retirado de sua família, respeitando sua identidade e sua história, oferecendo-lhe todos os cuidados básicos mais afeto, amor, orientação, favorecendo seu desenvolvimento integral e sua inserção familiar, assegurando-lhe a convivência familiar e comunitária (Valente apud Rizzini, 2006, p. 61).

Tanto a família acolhedora como a criança e/ou adolescente vitimizado, respeitando seu nível de compreensão, sabem que, a princípio, todo acolhimento é provisório, independentemente de seu período de duração. Trabalha-se, portanto, com a família acolhedora, a resposta social dada com solidariedade no acolhimento à criança e ao adolescente, tendo por base o sentimento de transitoriedade da vida e de tudo que a compõe, buscando a adequada relação com a criança que está sob sua responsabilidade.

Tem na sua metodologia o desenvolvimento de atividades intersetoriais, e para isso realiza um trabalho em rede — rede entendida como mobilizadora de relações significativas pessoais, e rede também entendida como serviços de proteção social das diversas políticas públicas, que são articulados sempre em uma perspectiva de corresponsabilidade, que perpassa por todas as etapas de atendimento, procurando formar para cada situação necessária a rede que corresponda às necessidades das crianças, adolescentes e suas famílias.

O acompanhamento psicossocial realizado no serviço é um processo evolutivo. A atenção se volta para os diferentes aspectos inerentes à medida de proteção e articula os atores do Sistema de Garantia de Direitos, com maior ou menor envolvimento, dependendo do período do acolhimento. A equipe profissional se mantém atenta para as peculiaridades durante todo o período do acolhimento, com o olhar centrado sobretudo na proteção da criança/adolescente.

O Serviço de Acolhimento em Família Acolhedora, ao exercer o seu papel protetivo, favorece não só a convivência familiar, mas também, de uma forma muito especial, a comunitária. Ele provoca um sentimento diferenciado e particular nos indivíduos envolvidos no acolhimento e também nos vizinhos, nos membros da família extensa, na escola, nos grupos religiosos, nos demais serviços e espaços que a criança e o adolescente passarão a frequentar. O que se verifica é que o acolhimento familiar, além de provocar a comunidade de forma individual, suscita também uma reflexão sobre as situações que envolvem as crianças e suas famílias no contexto social. A qualidade das interações entre as pessoas, os profissionais, as crianças e os adolescentes se apresenta como importante processo de socialização na comunidade. Outro destaque na relação com a comunidade é que as crianças, uma vez apresentadas de forma individual, não têm sofrido os estigmas que frequentemente elas e os adolescentes acolhidos em grandes grupos costumam sofrer. Elas chegam à escola e aos demais espaços públicos apresentadas por uma família, e são acolhidas como pertencentes a ela.

Histórico da construção de sua metodologia psicossocial e em rede

A atual metodologia do serviço foi realizada pela sua própria equipe formada por assistentes sociais e psicólogas no ano de 2004 e tem sido atualizada constantemente. Partiu-se do conhecimento do histórico da profissão do Serviço Social e da Psicologia, bem como de seus avanços e desafios, com momentos importantes para reflexão da particularidade de cada papel profissional, bem como do que era entendido pela equipe dos pontos em comum para o trabalho psicossocial.

Na sequência foi realizado um cronograma para organizar a equipe de maneira a dar continuidade no trabalho social, enquanto seus profissionais também se colocavam para pensar e escrever a metodologia do trabalho psicossocial, de forma concomitante.

A equipe estava bem mobilizada, pois os momentos de supervisão institucional já tinham contribuído para o estímulo necessário. Todos os profissionais traziam na experiência profissional a especialização em violência doméstica contra a criança e o adolescente do LACRI/USP, que embasou o trabalho desde o seu início no ano de 1997. Naquele momento, acrescia-se a isso a formação em terapia sistêmica realizada pela coordenadora do serviço e muitos dos seus instrumentos e teorias, tais como: a importância de uma abordagem que valorizava a escuta, a participação da família e dos profissionais em um trabalho de corresponsabilidade. O genograma e o mapa da rede[1] passaram a ser assumidos no trabalho da equipe. Outras leituras e experiências também foram trazidas pela psicóloga e assistentes sociais, que enriqueceram as discussões. Assim, pode-se afirmar que o que foi construído contou muito com a trajetória de estudos de todos os envolvidos.

Depois da discussão da particularidade e especificidade das profissões, o primeiro ponto a ser abordado foi o conceito de família. Destaco que foi um momento muito rico, em que foram experimentados, na prática, vários conceitos trazidos para além das formações existentes na equipe, tais como os da Antropologia Social, destacando as discussões muito ricas na bibliografia de Cláudia Fonseca; da Linguística, nas discussões sobre a apropriação de linguagens e o quanto o mesmo significante tinha significados diferentes para cada um. Ofereço aqui um exemplo: foi dada à equipe a tarefa de se pensar em uma mesa; apesar do pedido ser o mesmo, cada pessoa pensou em um formato diferente de mesa. Esse exemplo embasou de forma surpreendente o que cada profissional entendia por 'família' e daí renderam

---

1. Genograma: é uma representação gráfica da família e tem sido utilizado em diversos contextos (McGoldrick, Gerson. Genetogramas e o ciclo de vida familiar. In: CARTER, B.; MCGOLDRICK, M. (Eds.). *As mudanças no ciclo de vida familiar* — Uma estrutura para a terapia familiar. 2. ed. Porto Alegre: Artes Médicas, 1995.

Mapa da rede: instrumental utilizado com a família para o conhecimento da rede pessoal e de serviços (SLUZKI, C. E. *A rede social na prática sistêmica*. São Paulo: Casa do Psicólogo, 1997).

muitas discussões, até se chegar em qual conceito o serviço assumiria. Ficou clara a necessidade de explicitar os conceitos já existentes no imaginário dos profissionais e o compromisso na formação de consensos metodológicos explícitos, para garantir uma parceria de trabalho e a construção de caminhos.

Diante disso, a equipe do SAPECA assumiu o conceito de família elaborado pela assistente social Regina Mioto (1997, p. 120):

> Um núcleo de pessoas que convivem em determinado lugar, durante um lapso de tempo mais ou menos longo e que se acham unidas (ou não) por laços consanguíneos, [tendo] como tarefa primordial o cuidado e a proteção de seus membros e se encontra dialeticamente articulado com a estrutura social na qual está inserido [...] Mas para cuidar a família precisa ser cuidada.

Da Biologia, os conceitos de Humberto Maturana, a partir da biologia do amor, foram incorporados através de reflexões a exemplo do "respeito ao outro como legítimo outro na relação", o que, de forma especial, ampliou o olhar de cada família — formada por indivíduos diferentes — no sentido de respeitá-los e incluí-los como parceiros e detentores do direito das decisões sobre as suas próprias vidas. A nós, profissionais, caberia o dever de decifrar o direito e contribuir no seu acesso, de forma respeitosa.

Quando uma criança necessita ser afastada de sua família, por proteção, não significa que esta "não sirva", nem que possa ser "desqualificada". Muitas vezes, isto quer dizer que, naquele momento, ela "não pode" ou "não tem condições objetivas" de atender às necessidades que se apresentam (Nicora, 1997-98).

Não obstante, quando essa família ingressa em um serviço de proteção, carrega em si, muitas vezes, um atestado de incompetência (apoiado por certos órgãos de controle, por alguns profissionais e por alguns setores da sociedade) que muitas vezes determinaram erros por ela praticados na educação de seus filhos ou na sua autodesqualificação.

A partir da realização conjunta do Plano Individual de Atendimento (PIA)[2] — em que a família e as crianças e adolescentes, respeitando o grau de entendimento de cada um, devem estar envolvidos —, é construído o percurso pelo qual será possível trabalhar de maneira compartilhada a reintegração familiar.

Esse trabalho deve ser realizado no sentido de fortalecer suas relações com a rede pessoal, bem como ampliar suas possibilidades de acesso a uma rede de serviços. Por essa última perspectiva, os serviços mais indicados são aqueles que desenvolvem trabalhos de orientação social e psicológica, de forma individual ou a partir de grupos familiares, e aqueles que lhes possibilitem uma base econômica e de recursos específicos para que as famílias possam receber os filhos de volta. Os encaminhamentos a esses serviços deverão ser feitos sempre com uma perspectiva de corresponsabilização entre as instituições, no sentido de que esses contatos representem modos de estabelecer pontes para um trabalho em rede. Durante todo o processo de atendimento, é imprescindível realizar ações voltadas à manutenção dos vínculos familiares.

Na atenção à família de origem, desde os primeiros momentos da acolhida, o serviço tem o cuidado de preservar e estimular o papel ativo da família na tomada das decisões necessárias.

---

2. O Plano Individual de Atendimento (PIA) é um instrumento que norteia as ações a serem realizadas para viabilizar a proteção integral, a reinserção familiar e comunitária e a autonomia de crianças, adolescentes afastados dos cuidados parentais e sob proteção de serviços de acolhimento. É uma estratégia de planejamento que, a partir do estudo aprofundado de cada caso, compreende a singularidade dos sujeitos e organiza as ações e atividades a serem desenvolvidas com a criança/adolescente e sua família durante o período de acolhimento (MDS, 2017).

Deve, ainda, oportunizar a reflexão no sentido da apropriação, caso necessário, de novos modelos de relacionamento familiar.

Nesse movimento, a ação do profissional tem como ponto de partida a tutela e, como meta, o alcance da autonomia da família, assumindo como diretriz a convicção de que a família é competente para, superando suas dificuldades, oferecer à prole os cuidados de que necessita.

No desenvolvimento dessa ação, a equipe de profissionais assume a função de estar "junto" das famílias, desenvolvendo uma relação na qual elas a identificam como referência. Nesse processo, o profissional exerce um papel de mediador das políticas e dos serviços e, quando necessário, de acompanhante nos seus primeiros contatos. Esse tipo de trabalho (tutela inicial) é considerado necessário principalmente quando se trata de situações atendidas por um serviço de alta complexidade — no caso, nas medidas protetivas de acolhimento —, no qual devem ser levados em consideração os tempos preestabelecidos pela legislação vigente.

Sabe-se que muitas dessas famílias estão submersas em uma problemática difícil, cuja solução implica um lento processo de atendimento e sobre a qual deve ser realizado um trabalho que vise superar a real problemática e não apenas as manifestações. No entanto, não se pode perder de vista que a legislação nacional limita em 18 meses o período de atendimento, havendo uma ressalva de que ele pode ser prorrogado, se existir parecer técnico fundamentado. Em função disso, o trabalho deve ocorrer observando o tempo necessário para que os familiares da criança/adolescente reconstruam seus modos de relação, superando os motivos que tornaram necessário o acolhimento.

Quando se afasta uma criança da família, esta se sente ameaçada em sua integridade, enrijece-se em uma incansável autodefesa. Isso se conjuga com o significado que tem essa criança/adolescente para a família: ela pode representar um bem irrenunciável ou um problema.

O seu cotidiano, como expressão de um quadro de desigualdades estruturais e conjunturais, precisa ser compreendido. Aprofundar os conhecimentos relacionados às vivências da família de origem e do momento do afastamento do filho permitirá compreender qual será seu modo de participação no processo. Desconhecer ou minimizar essa etapa de aproximação com a família provocará consequências negativas no trabalho a ser realizado. O sofrimento causado pelo afastamento involuntário de um filho pode levar uma família a um empobrecimento afetivo, encadeando um despojamento de sua responsabilidade, que poderá reforçar ainda mais uma possível estigmatização primária e produzir atitudes de revolta em relação ao acolhimento.

Para evitar ou diminuir o sofrimento decorrente dessa separação, o profissional precisa, de início, assumir uma atitude imediata de acolhida, sem prejulgamentos, de escuta e de aceitação dos familiares como pessoas, sujeitos de direitos, que vivem um momento de angústia e separação. Nesse sentido, deve-se buscar sempre que a família conheça os motivos que levaram à aplicação de uma medida de acolhimento a seus filhos e seja convidada a participar do processo de atenção à criança/adolescente, compreendendo as razões da medida protetiva e assumindo, junto com os profissionais, a responsabilidade de garantir-lhes os aspectos dos direitos que não conseguiam acessar ou mesmo que lhes estavam sendo negados. A compreensão da medida protetiva é aspecto fundamental para que contribua para a adaptação da criança ao serviço, fornecendo as informações necessárias sobre as necessidades, os hábitos e os costumes dos filhos.

Da mesma forma, cabe aos profissionais manter a família informada, durante o período de separação, sobre as rotinas do filho, as relações, o desenvolvimento escolar, físico e emocional.

Ao mesmo tempo, o profissional deve discutir com ela a prevalência da família de origem nas decisões sobre o futuro da criança/adolescente e a importância da efetivação de contatos permanentes com ele, tendo em vista a manutenção e mesmo o fortalecimento de seus vínculos. Esses cuidados concorrerão para que ela própria sinta a sua presença como importante nesse processo.

A rotina para os encontros de manutenção/criação de vínculos é, portanto, imprescindível, pois sua continuidade contribui para o estabelecimento da confiança e também para a construção de vínculos entre a família e os profissionais do serviço. Nesses encontros de rotina devem-se, ainda, incluir as várias pessoas consideradas pela criança e pela família como significativas, de forma que possam participar também das relações estabelecidas e, de alguma forma, contribuir para a construção de uma rede de apoio necessária à reintegração da criança/adolescente à família e à comunidade.

Na elaboração de convites para as pessoas participantes desse processo de reintegração, devem ser contemplados a escuta e o desejo das escolhas das crianças e dos adolescentes acolhidos. Nem sempre o pedido de uma criança pode ser atendido, mas seu pedido deve orientar a ação do profissional. Esses encontros podem ocorrer não só no espaço físico do serviço, mas também nas residências das famílias de origem ou extensa. Podem ocorrer ainda em espaços públicos — sempre dependendo dos momentos próprios de cada situação e das características familiares, territoriais e institucionais. Esses encontros devem seguir uma rotina preestabelecida (ou restabelecida) no Plano Individual de Atendimento (PIA).

No trabalho profissional, procura-se estar atento para perceber se a família consegue expressar seus desejos e preocupações. Caso perceba-se que ela não consegue, devem-se estimular encontros para que essas questões sejam entendidas e trabalhadas no sentido da elucidação da situação que levou ao problema, para construir compartilhadamente uma busca de soluções.

No que diz respeito à rede de serviços — entendendo que o trabalho não ocorre de modo predeterminado, mas a partir de necessidades expressas em cada caso —, é cada situação peculiar que irá determinar qual a rede a ser criada para desenvolvimento do trabalho com cada família. Isso não significa que não haja acordos institucionais que antecipem necessidades específicas com o estabelecimento de fluxos e protocolos de gestão, como os de educação, de saúde, mas sim que o estabelecimento da rede é particularizado para cada caso. Nos acordos referidos são enfatizados os direitos de proteção social especial de alta complexidade de crianças/adolescentes atendidos em serviços especializados; essa garantia é essencial para a consolidação do trabalho social.

O trabalho realizado com a família e com a rede de serviços de proteção implica oferecer condições para o envolvimento destas nas decisões e ações necessárias durante todo o processo, para que através da reflexão e da prática possa ir se apropriando de possíveis soluções dentro do seu universo de possibilidades subjetivas. É a maneira como o profissional desenvolve sua atuação face ao problema apresentado pela família que irá ou não revelar sua competência. O trabalho profissional deve ser o de possibilitar que o cuidado à família transforme em possibilidade de responsabilizar-se pelo cuidado de seus filhos.

Uma característica necessária a esse trabalho é atender à família entendendo ser um caso único, com particularidades específicas. Considerar cada caso como único não significa descontextualizá-lo como parte de uma situação social coletiva: cada família expressa um coletivo que vivencia uma realidade conjuntural determinada pela sua condição de classe, e é o modo como ela se relaciona com essas situações que configura a sua particularidade.

Não significa, também, tratar cada caso como único no sentido de entender que sua problemática se esgota em si mesma. Pelo contrário, significa entender que cada caso está implicado em um contexto mais amplo, que envolve, inclusive, a sucessão de fatos das anteriores gerações daquela família, na grande maioria das vezes retratando necessidades ignoradas. As ausências vivenciadas através de diferentes gerações — como, por exemplo, conviver com consequências de políticas inexistentes — acabam acarretando estratégias compensatórias no enfrentamento das necessidades.

Entretanto, essa forma de funcionamento, calcada em soluções imediatas, pouco ou nada compensa, uma vez que não contribui para a emancipação das famílias, mantendo-as em um ciclo de dependência de ações assistencialistas isoladas e fragmentadas. Essa fragmentação é permeada de espaços vazios ocupados pela violência estrutural — reflexo da falta de habitação, de educação, de saúde, de emprego, de oportunidades de cultura e de lazer. Também o acúmulo de tarefas, a falta de atenção, de cuidado, o difícil acesso aos serviços, a baixa remuneração ou mesmo a falta dela, a habitação em moradias distantes, sem infraestrutura, a falta de vaga nas escolas, de acesso ao lazer, acabam por acarretar sobrecargas aos responsáveis pelas crianças, que muitas vezes, ao verem retiradas uma ou mais do seu convívio, acabam, por vezes, acreditando que estar em abrigos ou em famílias acolhedoras significa uma proteção maior para elas. Esse desacreditar em si mesmo parece ser o resultado de um acúmulo de relações de descrédito que as famílias pobres vêm passando.

> Desautorizar as famílias, tratando-as como incapazes, ou destituindo-as de seus deveres junto aos filhos, frequentemente levou a dois resultados da intervenção do Estado nas áreas educacional e

> assistencial: a postura arredia e desconfiada frente aos propósitos da ação empreendida ou a renúncia de seu papel tutelar junto aos filhos, entregando-os aos braços dos poderes públicos (Rizzini, 2004, p. 71).

Quando os profissionais, na relação com as famílias, as qualificam a partir de grandes blocos idênticos em função das problemáticas apresentadas — dependentes químicos, desempregados, doentes mentais, entre outros —, essa relação perde não apenas a possibilidade de apreender suas especificidades, mas também de apreender os espaços de possibilidades de superação da situação.

Heller (2004, p. 34) analisa que é característica do pensamento cotidiano, em uma de suas formas 'tradicionais', como consequência da experiência individual, a ultrageneralização. "Os juízos ultrageneralizadores são juízos provisórios que a prática confirma ou, pelo menos, não refuta, durante o tempo em que, baseados neles, formos capazes de atuar e de nos orientar." Porém, a autora alerta para o risco de confundir situações cotidianas com aquelas nas quais a ultrageneralização possa ferir a integridade moral e o desenvolvimento superior do indivíduo e de sua ação — "caso em que só podemos operar com juízos provisórios pondo em risco essa integridade, então deveremos ter a capacidade de abandoná-los ou modificá-los".

Fávero (2001, p. 170) constata que na prática profissional ainda não tem sido incorporada a nova mentalidade proposta na legislação brasileira e que, não raro, se encontra nos relatórios sociais e pareceres profissionais "implícita a indicação da falta de responsabilidades dos pais, sobretudo das mães, com o cuidado dos filhos e a falta de um ambiente familiar seguro e capaz de oferecer amor e proteção", sendo que esses relatos acabam por deixar em segundo plano os fatos socioeconômicos e as questões culturais que engendram aquelas situações.

A culpabilização acaba sendo direcionada à família e não ao Estado, que, na maioria das vezes, vitimiza todo o grupo familiar por falta de políticas realmente protetoras. Na perspectiva da nova mentalidade que norteia a ação profissional, Fávero considera que "a competência técnica supõe a articulação com a dimensão política — permeada pela ética —, de maneira a garantir que a intervenção tenha como base a análise crítica da realidade social e a preocupação com a efetiva ação na direção da conquista e da garantia de direitos fundamentais e sociais" (Fávero, 2001, p. 199).

Em todo o decorrer do atendimento à família, desde a entrada da criança ou do adolescente no serviço, devem ser mantidas reuniões e discussões periódicas da rede. Devem ser solicitados aos parceiros os pareceres, que serão anexados aos do serviço, para comporem os relatórios de acompanhamento de situações específicas, para serem entregues à Vara da Infância e da Juventude no prazo estabelecido pelo ECA, como documento integrante do processo judicial. Todos os profissionais implicados no processo de acompanhamento familiar devem compor o parecer técnico que dará suporte à decisão judicial de reintegração ou de destituição do poder familiar. Em outras palavras, o profissional comprometido nunca deve emitir um parecer sozinho de uma situação que implica sérias decisões na vida de uma criança ou de um adolescente sob a sua responsabilidade. Essa documentação deve ser o resultante da corresponsabilização da rede de proteção social.

Essa corresponsabilização estabelecida e expressa em documentos é muito importante, principalmente por ocasião da reintegração familiar, uma vez que cada parceiro relata a evolução da família na especificidade de seu trabalho. Esses relatos oferecerão um quadro mais completo das possibilidades, das dificuldades ainda a serem enfrentadas, dos compromissos institucionais necessários para a articulação do retorno da criança/adolescente ao meio familiar, uma vez que serão esses mesmos serviços que acompanharão o cotidiano da família no território. Nesse sentido, entende-se que o trabalho em rede precisa ser realizado pela perspectiva de um sistema de proteção: a criança não volta apenas para a família, volta para um sistema no qual não apenas ela, mas também a família deve ser acolhida.

Os parceiros são incluídos na rede de proteção social de determinada família, o que significa disponibilidade de troca permanente de reflexões e de informações entre as equipes de referência, as quais estarão sempre abertas para a saída e a entrada de novos parceiros, conforme as necessidades da família ou, eventualmente, por sugestão dos profissionais. Nessa rede de instituições, onde diferentes tipos de responsabilidades são compartilhados, as ações são conjugadas.

Pode-se afirmar que a reintegração familiar e comunitária é um processo de construção permanente, acompanhado pela rede de serviços, e no qual tanto os indivíduos quanto o coletivo familiar desenvolvem um intercâmbio dinâmico com a comunidade. Esse intercâmbio é estimulador da potencialização dos recursos de cada um: cada membro se enriquece através das múltiplas relações que desenvolve. Esse real protagonismo favorece a visualização dos próprios recursos, a valorização dos saberes populares e a tomada de consciência dos ganhos obtidos através dessa participação.

Uma vez efetivada a reintegração familiar, o foco do trabalho da proteção social especial de alta complexidade é deslocado, entrando em cena os serviços que participaram do processo de trabalho com as famílias. Serão estes que passarão a participar de forma mais próxima do cotidiano familiar. Em um primeiro momento, pode ser que a proteção especial ainda se faça necessária e, para isso, os serviços de média complexidade e os demais serviços que compõem cada plano familiar deverão ainda permanecer até que a situação se apresente estável. É então que a proteção básica passa a ser o *locus* privilegiado das ações no território.

A saída da criança de um serviço de proteção especial de alta complexidade e seu retorno ao meio familiar e comunitário revela-se um momento delicado, que deve ser trabalhado com os envolvidos de forma clara, gradativa e sistemática. Conforme as *Orientações Técnicas: serviços de acolhimento para crianças e adolescentes* (MDS/2009), a criança e/ou adolescente em processo de desligamento devem ter a oportunidade de conversar sobre suas expectativas e inseguranças quanto a esse retorno. Devem também poder falar sobre seu sentimento de saudade do ambiente de acolhimento, da família acolhedora, dos profissionais do serviço e dos colegas da escola ou da comunidade. Desse momento também participam os demais atores do Sistema de Garantia de Direitos, reafirmando a rede de proteção.

Articulação Intersetorial: o desafio de sua efetivação

Desvelar o cotidiano do Serviço de Acolhimento em Famílias Acolhedoras SAPECA é desafiante, pois ele é expresso por muitas sutilezas que envolvem a harmonização de muitas energias que devem se movimentar em um ritmo equilibrado.

Ao apresentar esse serviço, costumo utilizar a imagem do "equilibrista de pratos" que encontramos geralmente nos circos, termo por mim desenvolvido em alguns artigos e na monografia *Embalando a rede* (Valente, 2008). Para exemplificar o trabalho realizado, uma imagem parece surgir: a de um equilibrista de pratos, que roda um, em seguida outro e, num olhar atento, precisa movimentar um terceiro e assim sucessivamente, que às vezes parecem querer parar.

Mas algumas perguntas nos surgem nesse momento: Quem é o equilibrista? Que energias precisam permear a disposição de todos para que os pratos não parem de rodar? Como manter essa energia suficiente para que o equilíbrio se manifeste?

Com certeza necessitamos de todos — serviços, familiares, pessoas significativas para as pessoas envolvidas — e, nesse movimento, profissionais, usuários e recursos têm de estar atentos nos cuidados uns dos outros, na tentativa de *descobrir uma forma de comunicação suficiente* para a energia continuar adiante e aberta.

Poderão surgir períodos em que os profissionais precisarão "aguentar e aguardar", acreditando no potencial do outro, nas possibilidades de crescimento, mesmo que futuras — momentos de aparente ruptura.

> A atitude básica de cada membro de uma articulação deve ser a de abrir mão da disputa pela liderança, pelo mando, pela regência. Se, mais tarde, os membros da articulação decidem, de forma circunstancial ou permanente, atribuir a um de seus pares um papel de liderança, esta função deve ser assumida como serviço aos demais, e não como exercício de poder-dominação sobre o conjunto das pessoas, grupos e organizações (Costa, 1999).

Ao refletir sobre esse trabalho em rede, os profissionais do SAPECA encontraram conforto na expressão utilizada por Isa Guará, *ancoradouro da rede*,[3] para expressar a metodologia

---

3. Termo utilizado por Isa Guará para designar o serviço que em determinado momento é o maior articulador da rede de proteção (NCA-PUCSP, 2007).

utilizada pelo serviço, que a partir de então define o "equilibrador de pratos" como o serviço de proteção responsável em um determinado momento pelo caso em questão.

Quando o ancoradouro da rede em determinado caso é o SAPECA, ele passa a ser o responsável pela articulação dos serviços que, em cada caso atendido, é determinado pela ação pactuada *com* a família e expressas no PIA — Plano Individual de Atendimento. Passará, então, a subsidiar o processo na Vara da Infância e Juventude, com encaminhamento de relatórios psicossociais e, sempre que o caso necessitar, enviando relatórios dos serviços parceiros, corresponsáveis, no atendimento da criança/adolescente com sua rede familiar, para que o mais rápido possível possa se encontrar meios de a família ter seu(sua) filho(a) de volta.

No caso do encaminhamento para a adoção, que sejam também as informações obtidas no atendimento, um importante fator para contribuir na agilização do processo e na efetivação do direito do melhor interesse da criança e do adolescente, conforme estabelecido em lei federal.

O trabalho caminha sempre para possibilitar, de diversas formas, a garantia da convivência familiar e comunitária e o retorno da criança para a sua família de origem. A adoção só passará a ser levada em consideração, uma vez esgotada as alternativas de atuação junto com a família da criança. Esse é um momento decisório muito delicado, porque qualquer encaminhamento precisa, necessariamente, equacionar o tempo da criança e do adolescente, o tempo da família e a legislação nacional.

O acolhimento de crianças e adolescentes se configura como um trabalho complexo que articula, necessariamente, a ação de diferentes sujeitos, em diversos âmbitos de intervenção — no nível do Estado, articula a ação do executivo municipal, do judiciário e do legislativo, e, em nível da sociedade, envolve a participação dos Conselhos de Direito e Tutelar, das instituições sociais e empresariais, de profissionais de diferentes áreas de atuação, de pessoas interessadas na questão e, notadamente, das famílias que acolhem, estabelecendo parcerias e construindo uma rede de inclusão e de proteção social, em um trabalho conjunto com as demais políticas setoriais.

Essa copresença de diferentes protagonistas pertencentes a contextos institucionais diversos, em inter-relação permanente, requer uma abordagem que precisa contemplar a multiplicidade de sentidos e de significados atribuídos por esses protagonistas às questões que emergem em todas as etapas do processo. Este fato faz com que seja fundamental para o trabalho contemplar a pluridisciplinaridade dos olhares e a pluridirecionalidade das intervenções exigidas e possibilitadas, dada a diversidade de questões e de contextos institucionais que atravessam a prática.

É a compreensão dessa complexidade que irá possibilitar a articulação das ações e a consolidação das parcerias de acordo com cada situação: a qualidade e a intensidade da participação e da integração das ações desses atores institucionais, no decorrer da intervenção, relaciona com o modo como são trabalhadas as suas diferenças de percepção das questões e suas lógicas de operação. Vão depender também do reconhecimento partilhado dos âmbitos de trabalho e de responsabilidades e, ainda, dos recursos disponibilizados por suas instituições.

Na intervenção operada pelo SAPECA tem sido valorizada, como essencial, a participação ativa de todos os envolvidos, para o que são criados espaços que possibilitem a reflexão e a tomada de decisões conjuntas relacionadas aos problemas concretos enfrentados na processualidade da ação. É um espaço de possibilidades, no qual vão sendo criados modos de prática a partir da experiência. Nesse espaço foi montado um plano de intervenção básico do serviço[4], que é suficientemente aberto para que nele existam possibilidades de adequação às diferentes necessidades das famílias e das crianças e adolescentes atendidos.

Estágio supervisionado, na voz de seus protagonistas

No processo de trabalho do SAPECA, não apenas a equipe, entendida aqui também a participação dos(as) estagiários(as), mas também as famílias de origem e as famílias acolhedoras são chamadas para serem partícipes ativos da reflexão e das decisões sobre as questões relacionadas aos cuidados das crianças e dos adolescentes atendidos. A criança e o adolescente também têm garantido um espaço próprio de participação. Isto significa que cada uma das pessoas ligadas ao serviço tem um papel que, sendo próprio, tem o seu sentido alcançado na intersecção com o do outro. Cada participante do processo de construção da ação do serviço precisa estar atento para entender o seu papel naquele momento, naquela história, naquela dinâmica, para se harmonizar com aquelas pessoas que nela estão implicadas, com suas energias e com suas vontades, relacionando-se com todos e com cada um. Nessas relações ora se percebe que a responsabilidade está mais forte em uma pessoa, ora em um serviço, numa família, num profissional, numa criança, num adolescente... e isso vai mudando em cada caso e em cada situação.

Em um serviço que atende a crianças/adolescentes e famílias em um nível de proteção social de alta complexidade, precisa-se

4. O Plano de intervenção foi criado em 2004 e, sempre que necessário, é revisto pela equipe profissional.

pensar — se comparado ao SUS (Sistema Único de Saúde), já apropriado por muitos profissionais e pessoas — como uma UTI (Unidade de Terapia Intensiva) onde haja número de profissionais suficientes, conhecedores de um sistema amplo de necessidades, porém prontos para atuar nas especificidades mais refinadas. Pensando nessa lógica, a atenção precisa ser urgente, pontual, sistemática, com presença ativa de todos os envolvidos, para que o mais rápido possível a(s) pessoa(s) saia(m) do quadro agudo, mas possa(m) já ir vivenciando as experiências de vida diária, talvez com um acompanhamento mais de reforço nas novas atividades cotidianas. Novamente, continuando a analogia proposta, possa ir para o quarto, que no nosso caso seria o CREAS — Centros de Referência Especializado da Assistência Social — em um acompanhamento reforçador de novos meios e modos de vida, para que, em seguida, siga sua vida, podendo se responsabilizar pelo cuidado e proteção de seus filhos, podendo contar com o suporte do CRAS — Centro de Referência da Assistência Social e dos serviços da comunidade.

O SAPECA como campo de estágio de serviço social: algumas reflexões

O programa que orienta a participação de estagiários no serviço ocorre desde o ano de 2003, tendo passado nesse período 13 estagiários(as), sendo 6 estudantes de Psicologia, 6 de Serviço Social e 1 de Pedagogia. As ações de supervisão em cada área curricular se consolidam a partir dos princípios, valores e diretrizes norteadores do projeto ético-político de cada profissão, e têm como objetivo contribuir na formação do estagiário para o exercício do trabalho profissional. Os estagiários participam diretamente da sua área específica, sob supervisão profissional, e também em conjunto com a equipe de todas as etapas da metodologia do serviço.

Os profissionais do SAPECA entendem que possibilitar a abertura do serviço como campo de estágio faz parte da crença da importância dessa rica troca, em que é possível contribuir diretamente na formação teórico-prática dos(as) estudantes. Mas essa crença também é embasada na possibilidade do desafio que essa relação proporciona, tal como: ser exemplo no cotidiano das ações, repensar teoria e prática diariamente, assim como o novo trazido pelas relações não só com o(a) estagiário(a), mas também com os profissionais da própria faculdade. Destacam também a construção coletiva que acaba envolvendo-os na elaboração dos relatórios, leituras, discussões e do próprio trabalho de conclusão de curso.

Na experiência de oferecer oportunidade de estágio, toda a equipe profissional prepara a recepção dos alunos, porém fica clara a referência da supervisão individual como competência daquele profissional, que acompanhará de forma sistemática as etapas, enquanto o estágio durar. Primeiramente, após a apresentação da equipe, se estabelece a escala de trabalho e responsabilidades. O supervisor imediato oferece materiais de leitura obrigatória — que já foi estabelecida com a equipe anteriormente —, entendida como balizadora dos conceitos que o(a) estagiário(a) necessitará para acompanhar as etapas de convívio com os profissionais e suas tarefas.

Periodicamente, a supervisora responsável pelo estágio em campo participa de reuniões com professores da faculdade — supervisores acadêmicos —, no sentido da interação teoria-prática, troca de informações, aprofundamento teórico-metodológico de questões pertinentes à profissão, contribuindo com o melhor desempenho do estagiário.

É certo que, desde a recepção até o processo de encerramento do estágio, é entendido pela equipe que o estudante participará de todas as atividades, independentemente da área em que atua, na certeza de que o seu olhar e a sua ação — na mesma ação — terão uma contribuição diferenciada pela sua formação e pela atuação em momentos particularizados com o seu supervisor imediato.

Entendo que a voz do(a) próprio(a) estagiário(a) poderá elucidar melhor a percepção do papel de cada um dentro de toda essa metodologia apresentada. Para isso, procurei duas estagiárias, hoje assistentes sociais, e um estagiário de Psicologia ainda atuando no serviço. Agregar nessa escuta um estagiário de Psicologia teve por objetivo poder ouvir as semelhanças e distinções das ações cotidianas.

Entrevista 1. E. F. M. — estágio obrigatório do curso de Serviço Social realizado no SAPECA em 2012/2013.

> Estagiar no SAPECA significou para mim a possibilidade de conhecer profissionais extremamente comprometidos. Todos(as) os(as) profissionais, em especial minha supervisora, me dedicaram atenção e dividiram comigo conhecimento, técnica, domínio, prestatividade e amor no fazer profissional... e, pode acreditar, isso faz toda a diferença para obtenção de resultados positivos.

Foi perguntado sobre o cotidiano das atividades realizadas por ela e sua percepção desse trabalho.

> Pude compreender a necessidade de comprometimento do profissional com a população atendida; da necessidade de formação e aprimoramento continuados; do trabalho interdisciplinar e da importância do olhar para a complexidade, singularidade e vulnerabilidade de cada caso atendido. Os serviços de alta complexidade exigem do

profissional capacidade de articulação, de interlocução com toda a rede disponível no município, inclusive com a participação da sociedade civil. Acompanhei e participei dos atendimentos, discussões de caso, articulação com a rede, atenção à primeira infância, capacitação de famílias acolhedoras, metodologia de trabalho com famílias, dentre outras atividades que competem ao serviço.

Entrevista 2. G. N. B. — estágio obrigatório do curso de Serviço Social realizado no SAPECA em 2016/2017.

Durante dois anos realizei meu estágio supervisionado no SAPECA. Estava iniciando o terceiro semestre na faculdade, e como o tema interdisciplinar perpassa várias disciplinas e conhecimentos, a compreensão de intervenção, como estagiária, se desenvolvia juntamente com minha formação acadêmica.

Foi perguntado sobre o cotidiano das atividades realizadas por ela e sua percepção desse trabalho.

[...] a compreensão de totalidade, voltando para o trabalho em rede; as fases do acolhimento; o conhecimento da realidade e dinâmica das famílias está dividido em dois momentos: o primeiro está em observar e vivenciar diversas situações, desde o acolhimento com as famílias de origem; a família acolhedora; a divulgação do Serviço; o trabalho em equipe e as ações a partir do que foi coletado/estudado. Trabalhar com famílias na Alta Complexidade exige um olhar apurado de diversos ângulos para possibilitar uma intervenção/mediação entre sujeitos, realidades e proteção.

Esse primeiro panorama foi em média de um ano para dimensionar todos esses campos.

No segundo momento, assimilando a concretude das relações e o trabalho em equipe, utilizei do instrumental para ampliar meu olhar como profissional e direcionar o foco para os atendimentos e

> construção dos diversos momentos do acolhimento familiar e da realidade das famílias, principalmente de origem, pois o caminho inicial é possibilitar o retorno da criança para estas, porém mediando entre famílias de origem e extensa e famílias acolhedoras, sendo importante destacar que a realidade social é dinâmica, envolve relações econômicas, culturais, sociais em esfera micro e macro, e o Acolhimento faz parte desta magnitude e impacta na vida das famílias, seja de forma positiva ou negativa (o que quero dizer é que o acolhimento não é indissociável da "Questão Social"), e o trabalho intersetorial é de extrema importância para essa construção, por agir de forma propositiva com centralidade e matricialidade familiar.

Outra observação importante destacada pela profissional, enquanto realizava suas atividades no campo de estágio, foi:

> A preocupação está em considerar o tempo do acolhimento e o tempo da criança, afinal o trabalho social está em razão da garantia e proteção da criança e adolescente, em que seu desenvolvimento e garantia do convívio familiar pleno deve ser respeitado. Nesta pontuação, ressalto as fragilidades e potencialidades familiares que colocam em "conflito" o sistema de garantia de direitos. Não alego como algo generalista ou até afirmativa, mas destaco o cuidado e a linha tênue e complexa do trabalho intersetorial com as famílias e as fases do acolhimento.

E completa falando de seu papel dentro da equipe e o lugar dado a ela no cotidiano das ações do serviço.

> Como estagiária, pude conhecer este campo, e a abertura das profissionais fez com que me sentisse pertencente, e o sentimento de identidade profissional fez parte do todo ao longo do tempo. Diversas vezes tive a oportunidade de opinar, perguntar e construir em equipe. Dessa forma, o crescimento como estagiária foi linear e participativo.

Achei pertinente ouvir o estagiário de Psicologia, para poder conhecer se ele identificava alguma diferença ou similaridade das suas ações e da estagiária de Serviço Social no serviço SAPECA.

Entrevista 3. M. H. S. R — estágio obrigatório do curso de Psicologia. Estágio em andamento desde março de 2017. Entrou no 3º ano (5º período) e hoje está cursando o 4º ano (7º período, indo para o 8º).

> A experiência de realizar estágio no SAPECA a cada dia me surpreende mais. Durante a graduação, ouvi e ouço muitos relatos de estagiários em outras empresas ou organizações, dizendo que fazem somente tarefas administrativas e/ou tarefas que os profissionais não querem realizar, afastando-se bastante da prática profissional da Psicologia. Contudo, no SAPECA, desde o primeiro dia, percebi que era diferente.

Foi perguntado sobre o cotidiano das atividades realizadas por ele e sua percepção desse trabalho.

> Quando cheguei, recebi orientação de ler alguns documentos que norteiam a prática profissional na Assistência Social, tais como: Orientações Técnicas: Serviços de Acolhimento para Crianças e Adolescentes; Plano Nacional de Promoção, Proteção e Defesa do Direito de Crianças e Adolescentes à Convivência Familiar e Comunitária. Além de outras leituras complementares, que me auxiliaram a ter um panorama dos fluxos de funcionamento do serviço.
>
> Pensando mais sobre a atuação, percebo que mesmo estando na equipe técnica como estagiário, tenho voz para opinar e poder pensar junto os casos. Isso fica claro durante as reuniões de equipe, em que nosso olhar para as visitas monitoradas e durante os trajetos com as crianças são bastante relevantes para as discussões de caso.

Após algum tempo no serviço, M. H. S. R. já faz algumas reflexões importantes:

Além disso, algo que passa de maneira transversal no estágio é a noção do 'trabalho em rede' na Assistência Social. Quando estamos vivenciando no cotidiano do SAPECA, isso é natural e parte integrante da metodologia. Mas pude perceber que durante as aulas na faculdade essa ideia de articulação da rede, tanto na saúde quanto na assistência, não é algo tão turvo para mim, quando comparado aos meus colegas que não têm essa vivência, já que aprendo utilizando da teoria e da prática.

Foi perguntado se ele tem clareza da diferença entre a atuação do estagiário de Psicologia e de Serviço Social, O que os distingue, o que os une?

Talvez logo que cheguei ao SAPECA, não era tão evidente a distinção entre os estagiários, pois se for pensar na realidade objetiva, as atividades exercidas são basicamente as mesmas, sendo esse um fator de união da prática dos estagiários. Mas a distinção é o olhar para os casos e discussões, pensando que a Psicologia, apesar de não desconsiderar as questões concretas e sociais, o olhar sempre terá o viés da subjetividade, emoções, noção de desenvolvimento maturacional, além de sempre pensar em promover reflexão acerca dos acontecimentos, no que se refere às famílias de origem, extensa, acolhedora e crianças.

É claro que a estagiária de Serviço Social não irá desconsiderar essas questões. Mas percebo que de alguma maneira as ações vão ao encontro de procedimentos mais concretos, de encaminhamentos, de acompanhamento do usuário em um serviço para o qual se tenha percebido uma dificuldade, entre outros.

Mesmo com essas diferenças, entendo que é uma linha muito tênue, e que tanto o estagiário quanto os profissionais (Psicólogas e Assistentes Sociais) sempre têm de realizar um movimento de reflexão para repensar a atuação, pois no dia a dia elas vão se misturando e quase que se tornando uma coisa só. E a proposta de ter uma equipe psicossocial é poder ampliar a compreensão dos casos e não tornar uma visão só.

Considerações finais

A exposição da dinâmica de uma ação de trabalho da natureza aqui apresentada supõe a conjugação de várias questões: a experiência de vida do leitor; a apropriação da história exposta; a análise da conjuntura atual; a capacidade de olhar o ampliado refletido no singular; a sensibilização necessária para a escuta de cada caso como único; o conhecimento das leis nacionais e de suas possibilidades de proposições e ampliações; a mudança de paradigmas; a crença, a vontade e a disponibilidade profissional para olhar, agir e ter de decidir, pois em cada momento, em cada caso, é ali, com aquelas pessoas implicadas, que a indicação deverá ser feita: é possível a criança/adolescente retornar para aquela família? Se não, o que poderia ser indicado a ela para que seus direitos fundamentais sejam garantidos? Em primeiro lugar, a criança/adolescente, como ser em condição peculiar de desenvolvimento, deverá contar com adultos que, junto com elas, decidam sobre seus caminhos, de forma que eles possam ser expressão de cuidados e proteção, rumo à autonomia.

Os profissionais do SAPECA têm tido como compromisso oferecer um ambiente adequado ao estágio supervisionado nas diversas áreas da ciência. Existe a clareza de que os níveis de aprofundamento na relação prática profissional com a realidade social têm de ser um dos objetivos a ser seguido na relação com o(a) estagiário(a) para sua formação para o exercício profissional. No cotidiano das ações, têm-se oportunizado a vivência de experiências, produzindo conhecimentos sempre articulados com a teoria e a prática, refletindo sobre as relações sociais dos indivíduos, famílias e comunidades. Apreender as determinações de ordem estrutural e conjuntural é algo contínuo, sistemático e que exige o comprometimento de todos os envolvidos.

Pode-se observar que os estagiários que passaram, ou mesmo o que está em exercício atual, expressam a oportunidade cotidiana de refletir sobre as relações organizacionais e metodológicas implicadas em um serviço de alta complexidade, ao mesmo tempo em que demonstram sentirem-se parte integrante da equipe e respeitados em suas atuações.

Oportunizar a entrada de estagiários no campo de trabalho em um serviço governamental ou da sociedade civil deve ser a expressão do cuidado, levando sempre em consideração o nível de compreensão, em que o supervisor e a equipe devem assumir a responsabilidade de co-construir um projeto específico de atuação, no qual a ação profissional deve ser exercida e refletida continuadamente.

Referências

BAPTISTA, M. V. A ação profissional no cotidiano. In: MARTINELLI, M. L.; RODRIGUES ON, M. L.; MUCHAIL, S. T. (Org.). *O uno e o múltiplo nas relações entre as áreas do saber*. 3. ed. São Paulo: Educ/Cortez, 2001.

______. *Algumas aproximações sobre a emergência do cotidiano como objeto de reflexão*. Anotação em aula. PUCSP, 2006.

BRANT, M. C. (Org.). *A família contemporânea em debate*. São Paulo: Cortez, 1997.

______. *A ação em rede na implementação de políticas e programas sociais público*. Texto na disciplina Programas Voltados a Famílias, Pós-graduação PUCSP, 2006.

BRASIL. *Estatuto da Criança e do adolescente*. Lei n. 8.069 de 13 de julho de 1990. Disponível em: <http://www.planalto.gov.br/ccivil_03/leis/L8069.htm>. Acesso em: 10 nov. 2018.

BRASIL. *Constituição da República Federativa do Brasil*. 17. ed. São Paulo: Saraiva, 1997.

______. Presidência da República, Secretaria Especial dos Direitos Humanos, Ministério do Desenvolvimento Social e Combate à Fome. *Plano Nacional de Promoção, Proteção e Defesa do Direito de Crianças e Adolescentes à Convivência Familiar e Comunitária*. Brasília, 2006.

______. Ministério do Desenvolvimento Social e Combate à Fome. *Política Nacional de Assistência Social*. Brasília, 2004.

CARTER, B.; MCGOLDRICK, M. (Eds.). *As mudanças no ciclo de vida familiar* — Uma estrutura para a terapia familiar. 2. ed. Porto Alegre: Artes Médicas, 1995.

COSTA, Antonio Carlos Gomes. *O nó e a rede*. Belo Horizonte: Apostila Modus Faciendi, 1999.

FÁVERO, E. T. *Rompimento dos vínculos do pátrio poder*: condicionantes socioeconômicos e familiares. São Paulo: Veras Editora, 2001.

FONSECA, C. *Caminhos da adoção*. São Paulo: Cortez, 1995.

______. Mãe é uma só? Reflexões em torno de alguns casos brasileiros. *Psicologia USP*, São Paulo, v. 13, n. 2, p. 49-68, 2002.

______. Fabricando famílias: políticas públicas para o acolhimento de jovens em situação de risco. In: CABRAL, C. (Org.). *Acolhimento familiar*: experiências e perspectivas. Rio de Janeiro: Book Link, 2004.

HELLER, Agnes. *O cotidiano e a história*. 7. ed. São Paulo: Paz e Terra, 2004.

MARTINELLI, Maria Lucia — Sentido e direcionalidade da ação profissional: projeto ético-político em Serviço Social. *Seminário Debate Contemporâneo Sobre o Serviço Social Argentino e sua Projeção Regional: limites e possibilidades*. La Plata, 2004.

MATURANA, H. *Emoções e linguagem na educação e na política*. Belo Horizonte: Editora UFMG, 2001.

MCGOLDRICK, Gerson. *Genetogramas e o Ciclo de Vida Familiar*. Apostila do curso de Terapia Familiar do Instituto de Terapia de Família e Casal de Campinas, 1985.

MIOTO, Regina C. T. Família e Serviço Social. *Revista Serviço Social e Sociedade*. São Paulo, n. 55, 1997.

______. O trabalho com redes como procedimento de intervenção profissional: o desafio da requalificação dos serviços. *Revista Katalysis*, Florianópolis, v. 5, n. 1, 2002.

NICORA, Maria Elvira et al. *Acogimiento Familiar, uma respuesta solidária a la familia em dificultad*. Argentina, 1997-98.

ONU. Projeto de diretrizes das Nações Unidas sobre emprego e condições adequadas de cuidados alternativos com crianças, apresentado pelo Brasil ao Comitê dos Direitos da Criança da ONU em Brasília, 31.5.2007.

PROJETO PEDAGÓGICO. Faculdade de Serviço Social PUC-Campinas, 2013-2014.

RIZZINI, Irene (Org.). *Acolhendo crianças e adolescentes*. São Paulo: Cortez/ Unicef, 2006.

RIZZINI, Irene; RIZZINI, Irma. *A institucionalização de crianças no Brasil:* percurso histórico e desafios do presente. Rio de Janeiro: PUC-Rio; São Paulo: Loyola, 2004.

SILVA, Enid R. A. *O direito à convivênia familiar e comunitária*: os abrigos para crianças e adolescentes no Brasil. Brasília: IPEA/Conanda, 2004.

SLUZKI, Carlos E. *A rede social na prática sistêmica*. São Paulo: Casa do Psicólogo, 1997.

SPOSATI, A. Desafios para fazer avançar a política de Assistência Social no Brasil. *Revista Serviço Social e Sociedade,* São Paulo, n. 68, 2001.

VALENTE, Janete A. G. A experiência do SAPECA. In: CABRAL, C. (Org.). *Acolhimento familiar*: experiências e perspectivas. Rio de Janeiro: Book Link, 2004.

______. Uma reflexão sobre o acolhimento familiar no Brasil. *Revista Serviço Social e Sociedade,* São Paulo, n. 92, 2007.

______. *O acolhimento familiar como garantia do direito à convivência familiar e comunitária*. Dissertação (Mestrado) — Pontifícia Universidade Católica de São Paulo, São Paulo, 2008.

VALENTE, Janete A. G. Acolhimento Familiar: validando e atribuindo sentido às leis protetivas. *Revista Serviço Social e Sociedade*, São Paulo, v. XXXII, n. 111, 2012.

______. As relações de cuidado e de proteção no Serviço de Acolhimento em Família Acolhedora. Tese (doutorado) — Pontifícia Universidade Católica de São Paulo, São Paulo, 2012.

______. *Famílias acolhedoras*: as relações de cuidado e de proteção no Serviço de Acolhimento. São Paulo: Paulus, 2013.

Interdisciplinaridade: a experiência do Grupo de Estudos "Sistema Prisional, Direitos Humanos e Sociedade"

Maria Virginia Righetti Fernandes Camilo

Camilla Marcondes Massaro

Introdução

O relato de experiência configura-se como uma das formas e expressão de produção de conhecimento, como uma modalidade de investigação científica que se coloca no cenário da produção acadêmica, incorporada principalmente pelas publicações em periódicos indexados, em congressos e outras modalidades. Do ponto de vista metodológico, o relato de experiência tem sido reconhecido como a modalidade de produção científica utilizada com frequência na área da saúde com publicações com reconhecimento nacional e internacional. Relatos de experiências consistem numa modalidade de investigação científica, sendo obrigatória a demonstração de uma experiência prática para maior compreensão e fundamentação de uma teoria (Brito; Silva; Azevedo, 2012).

Este artigo pretende contribuir com o debate sobre a interdisciplinaridade a partir da experiência desenvolvida pelas Faculdades de Serviço Social e Ciências Sociais da PUC-Campinas durante os anos de 2016 e 2017, e em andamento em 2018, com a organização do Grupo de Estudos "Sistema Prisional, Direitos Humanos e Sociedade".

A temática se inscreve na perspectiva da formação profissional, em que a Associação Brasileira de Ensino e Pesquisa em Serviço Social (ABEPSS) define como uma das linhas temáticas a Ética, Direitos Humanos e Serviço Social, englobando os eixos: Ética e ética profissional: fundamentos ontológicos e objetivações cotidianas; Direitos Humanos: fundamentos históricos e a práxis dos movimentos e das lutas sociais em defesa dos direitos humanos na sociedade contemporânea; Ética, Direitos Humanos e enfrentamento das expressões cotidianas da alienação e da barbárie; Direitos Humanos, formação e exercício profissional (ABEPSS, 2018).

Os marcos referenciais das instituições formadoras apontam para a relevância da questão e para os desafios enfrentados no cotidiano dos serviços. As expressões da violência do sistema prisional e da sociedade brasileira marcam os serviços profissionais em todas as áreas. A população que busca os serviços socioassistenciais experimenta o processo de violência e violação de direitos, que exige a compreensão das relações sociais na sociedade capitalista, sua produção, reprodução. Como profissão de caráter interventivo, cabe a análise da questão na dimensão da singularidade, particularidade e totalidade (Guerra, 2000). Não podemos nos restringir às respostas dos serviços instituídos, mas principalmente tomarmos como referências nos princípios ético-políticos de defesa intransigente dos direitos, na ampliação, na não discriminação, na busca pela justiça social.

O sistema prisional é um campo tradicional de inserção sócio-ocupacional do assistente social, que na realidade atual convive com o aumento do volume de encarceramento e com as denúncias de reprodução e de criminalização da pobreza, confirmadas por indicadores.

Em janeiro de 2017, o país foi cenário das expressões da violência nos presídios com superlotação, sem infraestrutura, com mortes violentas.

O Brasil tem hoje a terceira maior população prisional do mundo, ficando atrás dos Estados Unidos e da China (*Folha de S.Paulo*, 2018). Dados do Infopen (2017) apontam que em junho de 2016 o país tinha uma população carcerária estimada em 726.700 pessoas, com 368 mil vagas, déficit de 358.700 vagas.

Uma parcela significativa é de presos sem julgamento, em que as prisões ocorreram por flagrante e não como resultado de investigação criminal, contribuindo para o aumento da população carcerária, e o que é mais grave, com violação de direitos.

Apontando nesta direção, o Atlas da Violência de 2017, publicado pelo Instituto de Pesquisas Econômicas Aplicadas e pelo Fórum Brasileiro de Segurança Pública (Ipea, 2017), indica que em 2016, do total de mortes violentas ocorridas, a maioria das vítimas são homens (92%), negros (74,5%) e jovens entre 15 e 29 anos (53%), deixando latente a percepção de que o valor atribuído à vida difere a partir do lugar social do sujeito: de sua classe social, etnia e gênero.

A resposta profissional se insere na produção do conhecimento sobre a questão e na inserção sócio-ocupacional do assistente social. Segundo Mota (2014), a expansão do campo sociojurídico associa-se também aos casos de medidas socioeducativas, violação de direitos e mediação de conflitos.

> Essa expansão relaciona-se com as instituições jurídicas criadas a partir da Constituição de 1988 e com a luta democrática da sociedade brasileira pós-ditadura militar. Nos anos 2000, é adensada por novos elementos, reveladores dos processos sociais em curso na conjuntura brasileira deste século, como o crescimento da violência, a criminalização das drogas, os mecanismos de criminalização da pobreza, a prática da judicialização dos direitos e garantias sociais (Mota, 2014, p. 697).

Na esfera sociojurídica, o serviço social analisa o campo de atuação a partir das relações contraditórias do capitalismo e do sistema de garantias de direitos inscritos na Constituição de 1988, na perspectiva de fortalecimento da "*justiciabilidade dos direitos sociais*" (Borgianni apud Mota, 2014, p. 697).

1. A origem do Grupo de Estudos: por que interdisciplinaridade?

Considerando a interdisciplinaridade enquanto elemento positivo na formação acadêmico/profissional, a proposta de formação do Grupo de Estudos se torna uma alternativa viável de aprofundar o conhecimento sobre determinada temática, estabelecendo um canal de ampliação e fortalecimento da formação profissional, construído a partir do diálogo entre saberes, com compromisso ético-político frente à questão.

A experiência aqui referida se inscreve na dimensão interdisciplinar, considerando-a como um campo do conhecimento que se constitui não pela adição de saberes especializados, mas a partir da interdisciplinaridade que deve "ser procurada na negação e na superação das fronteiras disciplinares" (Japiassu, 1976, p. 74-75).

Na concepção de Fazenda (2008), a construção e organização do conhecimento na sociedade no geral está baseada em saberes disciplinares que são fragmentados, parcelados. Na formação profissional, esse processo pode ser identificado na grade curricular com as disciplinas. Sabemos que essa perspectiva é o ponto inicial da questão, mas a interdisciplinaridade na formação profissional

> [...] requer competências relativas às formas de intervenção solicitadas e às condições que concorrerem para o seu melhor exercício. Neste caso, o desenvolvimento das competências necessárias requer a conjugação de diferentes saberes disciplinares. Entenda-se por saberes disciplinares: saberes da experiência, saberes técnicos e saberes teóricos interagindo de forma dinâmica sem nenhuma linearidade ou hierarquização que subjugue os profissionais participantes (Barbier, 1996; Tardiff, 1990; Gauthier, 1996 apud Fazenda, 2008, p. 23).

A formação profissional coloca no centro a abertura do diálogo entre as disciplinas, a desconstrução de compartimentos de saberes e a transversalidade em torno das temáticas que a envolve. Também destaca as fontes de construção da interdisciplinaridade com saberes resultantes de pesquisas e experiências.

Frigotto (2008) aponta a relevância da interdisciplinaridade sob dois ângulos. Inicialmente como necessidade, pois se impõe historicamente, e como questão a ser analisada e decifrada. A interdisciplinaridade se coloca como elemento necessário no trabalho profissional e traz ao centro do debate a questão epistemológica.

> A necessidade da interdisciplinaridade na produção do conhecimento funda-se no caráter dialético da realidade social que é, ao mesmo tempo, una e diversa e na natureza intersubjetiva de sua apreensão, caráter uno e diverso da realidade social nos impõe distinguir os limites reais dos sujeitos que investigam dos limites do objeto investigado. Delimitar um objeto para a investigação não é fragmentá-lo, ou limitá-lo arbitrariamente. Ou seja, se o processo de conhecimento nos impõe a delimitação de determinado problema, isto não significa que tenhamos que abandonar as múltiplas determinações que o constituem. É neste sentido que mesmo delimitado um fato teima em não perder o tecido da totalidade de que faz parecer (Frigotto, 2008, p. 43-44).

O ponto de partida é a realidade, mas que não se esgota em sua expressão. Ela implica em relações, mediações, forças, determinações, que envolvem a elaboração de conceitos, categorias, em aproximações sucessivas. Nesse processo de elaboração, as categorias teóricas e os conceitos se constituem enquanto ferramentas indispensáveis, mas não possibilitam de forma suficiente a apreensão das determinações sobre a realidade estudada. O conhecimento tem uma base histórica e, nesse sentido, necessita de reconstrução com as especificidades da área investigada.

Frigotto (2008) enfatiza que o campo das ciências sociais é influenciado pelos interesses do pesquisador que não apreende de forma neutra a realidade. Em uma sociedade capitalista, os interesses de classe demarcam a produção, partindo do referencial utilizado. Nesse sentido, o conhecimento não é neutro, pois as relações que apreende relacionam-se às condições de classe do investigador. O conhecimento não tem como ser produzido de forma neutra, pois as relações que ele tenta apreender não são neutras. São influenciadas e produzidas por marcadores sociais de classe que definem o concreto, o lugar social e suas relações.

A análise do autor aproxima-se dos pressupostos da formação profissional do ponto de vista ético-político, quando esta propõe a análise e compreensão das expressões da questão social na sociedade capitalista a partir de sua inserção histórica em uma sociedade de classes (Iamamoto, 2009).

Pelas diretrizes curriculares da ABEPSS, o serviço social tem na formação profissional três núcleos que destacam a interdisciplinaridade da formação: Núcleo I — Fundamentos Teórico-Metodológicos da Vida Social, Núcleo II — Formação Sócio-Histórica da Sociedade Brasileira, e Núcleo III — Fundamentos do Trabalho Profissional.

Para Gomes (2016, p. 2), o Serviço Social tem uma natureza interdisciplinar, pois

> [...] não conta com uma teoria própria e sim dialoga com diversas teorias, na busca de compreender e responder às questões oriundas da questão social. Contudo, o Assistente Social também possui seus limites e não pode ser capaz de responder à complexidade que se evidencia na sociedade. O profissional chamado a atuar em uma equipe interdisciplinar — não apenas o Assistente Social, como todos os profissionais — deve atentar-se para uma série de fatores para que o projeto de trabalho interdisciplinar não se converta em trabalho multidisciplinar.

Refletindo sobre a interdisciplinaridade nos espaços sócio-ocupacionais do Serviço Social, cabe aqui uma discussão produzida por Campos (2000), no tocante ao campo da saúde, que mais absorveu profissionais até a promulgação da Política Nacional de Assistência Social em 2004 e sua implementação. Cumpre ressaltar que o Serviço Social, pela Resolução n. 218 de 1997 — Regulamentação das profissões de Saúde —, constitui uma das 13 profissões da saúde, incorporada atualmente nos Programas de Residência Multidisciplinar em Saúde.

Campos (2000) enfatiza em suas discussões sobre o trabalho em saúde a existência de uma certa sobreposição de limites entre as disciplinas, que ocorre também com os campos de prática. Nessa perspectiva, quase todo campo científico ou de práticas seria interdisciplinar e multiprofissional. Cita que Guattari e Deleuze (1976) na filosofia, na política, na clínica, McNeill e Freiberger (1993) na matemática, assim como vários outros, têm criticado o sentido absoluto com que se tomam algumas noções, como a de dentro e fora, identidade e diferença, coletivo e individual, macro e micro. Analisa os apontamentos dos pensadores, assinalando que o "borramento de limites" indicaria mais uma impossibilidade de fechar-se caixas do que a extinção de todas as disciplinas, profissões e especialidades.

Para distanciar-se deste paradoxo "do isolamento paranoico ou o da fusão esquizofrênica", foi sugerida a introdução dos conceitos de núcleo e de campo (Campos, et al., 1997).

> A institucionalização dos saberes e sua organização em práticas se daria mediante a conformação de núcleos e de campos. Núcleo como uma aglutinação de conhecimentos e como a conformação de um determinado padrão concreto de compromisso com a produção de valores de uso. O núcleo demarcaria a identidade de uma área de saber e de prática profissional; e o campo, um espaço de limites

> imprecisos onde cada disciplina e profissão buscariam em outras apoio para cumprir suas tarefas teóricas e práticas (Campos, 2000, p. 220).

Ao sinalizar para as noções de campo e núcleo, refere-se à necessidade de construção de identidades sociais para as profissões e campos de saber, mas destacando para o não fechamento, para uma flexibilização do processo, mais democrático e aberto. (Onocko apud Campos, 2000)

O conceito de disciplina destaca a concentração de poder e a tendência de fechamento das instituições. Por outro lado, a noção de núcleo valoriza a democratização das instituições e sua dimensão socialmente construída. A escolha de caminhos pode ser realizada como uma possibilidade e não como uma ocorrência automática.

O processo de conhecimento social vem então marcado pelos interesses, concepções e condições de classe do investigador. O conhecimento não tem como ser produzido de forma neutra, tendo em vista que as relações que ele tenta apreender não são neutras. É justamente neste âmbito que percebemos que a interdisciplinaridade na produção do conhecimento nos é uma necessidade imperativa, mas nos é também um problema que se inscreve na materialidade das relações capitalistas de produção da existência. Sua construção é processo que envolve aproximação de saberes, práticas, na compreensão e análise de uma questão do ponto de vista ético e social, pois na abrangência de exercício profissional estão presentes vidas e direitos afetos à condição de existência.

Nesse sentido, o Grupo de Estudos "Sistema Prisional, Direitos Humanos e Sociedade" resulta da experiência que as Faculdades de Ciências Sociais e de Serviço Social da Pontifícia Universidade Católica de Campinas — PUC-Campinas vêm desenvolvendo desde o mês de agosto de 2016, no âmbito do convênio firmado entre o Ministério Público Federal (MPF) e a PUC-Campinas, via

Pró-reitoria de Graduação, para a "[...] cooperação técnica, operacional e científica por meio de atividades acadêmicas desenvolvidas por aluno ou grupo de estudos, que versem a respeito de questões de atribuição do Ministério Público Federal"[5].

A contribuição da Universidade se dá por estudos e atividades acadêmicas concernentes às temáticas de atuação do MPF em diversos eixos, dentre os quais Direitos Humanos e Sistema Prisional, sendo obrigatória a participação de estudantes de graduação em diversas modalidades de atividades, como o estágio curricular obrigatório; trabalho de conclusão de curso; atividades complementares, dentre outras. Dada a complexidade de muitas questões de atribuição do MPF, o convênio tem a prerrogativa da multidisciplinaridade, prevendo a participação do maior número de Faculdades interessadas.

Campinas (SP) possui três unidades prisionais, sendo uma Penitenciária Feminina, um Centro de Detenção Provisória (CDP) e um Centro de Progressão de Pena (CPP), ambos masculinos. A Região Metropolitana de Campinas (RCM) conta com o Complexo Penitenciário de Hortolândia, com quatro unidades prisionais: duas Penitenciárias, um CDP e um CPP, todas masculinas, com uma população carcerária em torno de 11 mil pessoas presas (SAP, 2018)[6].

Considerando os objetivos do convênio, bem como as especificidades dos cursos de Serviço Social e Ciências Sociais, optamos por trabalhar a intersecção entre "Sistema Prisional, Direitos Humanos e Sociedade", nome do grupo de estudos iniciado em agosto de 2016[7].

---

5. Ministério Público Federal. Termo de convênio n. 018/2012.

6. Conforme dados disponibilizados no site da SAP acessado em 14 jun. 2018 (SAP, 2018).

7. Um relato detalhado da origem e formação do grupo de estudos pode ser visto em Massaro; Camilo (2017).

A iniciativa de contribuição relacionada ao convênio através da formação de um grupo de estudos compartilhado por duas faculdades se deu pelo entendimento de que, enquanto únicas duas faculdades da área das ciências humanas com participação ativa nas atividades realizadas até aquele momento, a elaboração de uma proposta de caráter interdisciplinar, além de fornecer aportes à atuação do MPF, seria de grande relevância para o aprofundamento da formação de nossos alunos, considerando que a intersecção entre sistema prisional, direitos humanos e sociedade ainda aparece de forma incipiente na grade curricular dos cursos em questão.

No eixo principal tem como questão basilar o entendimento da complexidade das relações sociais e familiares que envolvem a parcela da população privada de liberdade, mais especificamente no que se refere às mulheres presas.

2. Atividades desenvolvidas pelo Grupo de Estudos

As atividades desenvolvidas no Grupo de Estudos resultaram em aprofundamento e ampliação do conhecimento sobre o tema, com impacto na formação profissional, quer na atividade de reflexão teórica com a produção de artigos apresentados em encontros institucionais, o desenvolvimento de Trabalhos de Conclusão de Curso em 2017, apresentação de relatos de experiência no 5º Encontro Internacional de Política Social e 12º Encontro Nacional de Política Social (Massaro; Camilo, 2017) e no 6º Encontro Internacional de Política Social e 13º Encontro Nacional de Política Social (Massaro; Camilo, 2018), ambos na Universidade

Federal do Espírito Santo, quer também na realização de oficinas nas unidades do sistema prisional feminino e masculino.

A proposta do grupo de estudos considera que o exercício profissional será bem-sucedido pela sólida formação acadêmica, científica, que possibilite aos futuros profissionais enfrentar os desafios no trabalho. Nessa perspectiva, mobiliza referências teóricas para ampliar o conhecimento sobre o tema, relacionando-o com a realidade.

Os encontros são quinzenais, com cronograma de atividades definido, com exigência de leituras prévias e responsabilização de apresentação, com duração de duas horas com debates e aprofundamento sobre o tema, sob a coordenação das docentes responsáveis. A certificação de participação em cada semestre compõe parte das Atividades Complementares exigidas pelas Diretrizes Curriculares do MEC (Ministério da Educação e Cultura) para a formação. O tema e a abordagem despertaram muito interesse nos alunos, abrangendo uma média de 15 participantes por semestre.

2.1 Seleção da bibliografia

A proposta da criação do Grupo de Estudos "Sistema Prisional, Direitos Humanos e Sociedade", em agosto de 2016, teve como eixo o aprofundamento do conhecimento e dos debates na formação de nossos estudantes sobre a temática específica. Nessa perspectiva, emerge a necessidade de estudos sistematizados a partir da organização de leituras consideradas clássicas sobre a temática, como Foucault (2007) sobre o nascimento da prisão, envolvendo o processo de vigiar e punir, aprofundando o estudo conceitual sobre a disciplina que perpassa não só a instituição prisional, mas também como a escola, mecanismo necessário à reprodução do modo capitalista de produção na relação trabalho e controle do tempo; e também os estudos de Goffman (1974), clássico na abordagem das instituições totais definindo suas características, e o estigma (1978), tema imprescindível para compreensão e análise do sistema prisional enquanto instituição total, visto que o estigma atinge a população carcerária, bem como sua família.

O encarceramento como principal forma de punição acompanha o nascimento e o desenvolvimento da sociedade moderna (Foucault, 2007), e na contemporaneidade assume relevância com o processo de encarceramento em massa em diversas partes do globo (Wacquant, 2001), e especificamente no Brasil, que hoje com 726.712 pessoas presas é o terceiro país com a maior população prisional no mundo (Infopen, 2017). Esse fenômeno adquire contornos ainda mais dramáticos com forte impacto social, pelo aumento exponencial do encarceramento de mulheres (Infopen, 2015), questão recente que demanda análise, aprofundamento sob a ótica dos direitos humanos, na compreensão da questão.

Em 2017, as leituras do grupo de estudos foram organizadas em três eixos norteadores, através dos quais foi possível qualificar o embasamento teórico-metodológico dos alunos para a proposta das oficinas realizadas nas unidades prisionais. Os eixos e os textos trabalhados foram: 1 — Gênero e sistema prisional, com análise de legislações e tratados internacionais que trazem o marco legal para a garantia dos direitos dos reclusos, considerando as especificidades de gênero (ONU, 1957; 2010); 2 — Produção, circulação e consumo de drogas e as facções criminosas, com destaque para a Lei n. 11.343 de 2006 (Brasil, 2006), conhecida como Lei de Drogas, que oferece os marcos legais definição e punição para as atividades de produção, distribuição e uso de drogas no país; 3 — Precarização do trabalho, crise estrutural, trabalho penal e privatização das prisões, em especial o trabalho:

Trabalho em tempos de crise: a superexploração do trabalho penal nos Centros de Ressocialização Femininos do Estado de São Paulo de Camilla Marcondes Massaro (2014), além de documentários e outros apontamentos de artigos sobre a questão, e o texto "O legado da escravidão: parâmetros para uma nova condição da mulher", de Angela Davis (2016).

Os estudos realizados no ano de 2017 possibilitaram maior aprofundamento na compreensão da relação entre a produção e o tráfico de drogas, o encarceramento em massa e as relações de poder de dominação no interior das unidades prisionais brasileiras, permitindo relacionar tais questões à violência que estrutura o sistema prisional, perpetuando condenação de população à pobreza e o não acesso aos direitos proclamados.

Também possibilitaram relacionar o sistema prisional às demais esferas sociais, principalmente ao contexto socioeconômico atual a partir das discussões sobre os sentidos do trabalho durante e após o cumprimento da pena e a potencialidade de lucrativa do trabalho penal em meio às propostas de privatização do sistema prisional, bem como os sentidos que o trabalho adquire na sociedade atual, com enfoque nas relações de precarização e das desigualdades criadas a partir das diferenças de raça e gênero.

A ênfase nas especificidades de gênero se torna fundamental ao olharmos com atenção à publicação do relatório Infopen Mulheres (2015), destacando o aumento percentual da população carcerária feminina no período entre 2000 e 2014, indicando o dobro do verificado entre os homens: 567,4% contra 220,20%. Nesse contexto, o Brasil passa a ocupar o quinto lugar no mundo em população carcerária feminina. Esse crescimento resulta principalmente dos efeitos da chamada Lei de Drogas, a partir da qual muitas mulheres são presas, em geral junto ou em decorrência de atitudes ilícitas de algum homem de suas relações afetivas (marido, namorado, filho, neto, primo) e ocupando posições coadjuvantes no "mundo do crime". São mulheres jovens, com filhos e responsáveis pelo sustento da família, com baixa escolaridade e insuficiência de renda.

2.2 Visita à Penitenciária Feminina de Campinas

A experiência em participar dos encontros e debates sobre o sistema prisional, priorizando a discussão sobre o presídio feminino, resultou em ação concreta de visita à Unidade Prisional Feminina de Campinas, como medida de aproximação e conhecimento da realidade. A Unidade ocupa o antigo presídio masculino, não tem espaço para visitas íntimas, com reduzido espaço para atividades de educação (salas de aula), com oferta de atividades para o uso do tempo que se restringem a auxiliar nos serviços da cozinha e algumas pequenas produções artesanais. As visitas de familiares não abrangem a maior parte das mulheres presas, e segundo estimativa aproximada da gestão gira em torno de 30%.

Há uma situação de abandono das mulheres encarceradas, agravada pelo julgamento da sociedade sobre elas; uma realidade que não pode ser percebida apenas pela verificação de indicadores oficiais.

2.3 Monitoria

A monitoria é uma atividade acadêmica que estimula os alunos no processo de ensino-aprendizagem. Na Faculdade de Serviço Social, a atividade de monitoria foi introduzida na disciplina de Prática Profissional do Serviço Social IV, ligada aos estágios. No aprendizado realizado nos campos de estágio, emergem demandas ligadas ao sistema prisional nos serviços de assistência social (CRAS e CREAS), nas unidades de saúde (Pronto-Atendimento, Unidades Básicas, Hospitais, Clínicas de Especialidades) e no campo sociojurídico (Defensoria, Vara da Infância, Unidades Prisionais).

Na Faculdade de Ciências Sociais, no ano de 2016, a monitoria foi vinculada à disciplina Tópicos Especiais em Sociologia.

A necessidade de analisar as demandas com subsídios teórico-metodológicos e ético-político para uma intervenção técnico-operativo que amplie a compreensão das expressões questão social do preso possibilitou a oferta de vagas de monitoria para alunos que se interessassem em participar do grupo de estudos.

2.4 Oficinas nas Unidades Prisionais — aproximação com a realidade do sistema prisional

No ano de 2017, a convite da gerência da Funap — Fundação Dr. Manoel Pedro Pimentel, vinculada à SAP, que atende à região de Campinas, nosso Grupo de Estudos participou da Jornada da Cidadania e da Empregabilidade[8], por meio de oficinas temáticas, em duas ocasiões: na Penitenciária Feminina de Campinas, no mês de abril, e no Centro de Progressão Penitenciária de Campinas (unidade masculina), no mês de setembro[9].

Apesar de não terem objetivos vinculados à educação formal, concordamos com Dermeval Saviani (2003) que todo ato

8. Evento organizado pela coordenadoria de reintegração social da SAP, que todo ano, ao longo de uma semana, oferece diversas atividades de saúde, educação, lazer, formação para o trabalho e orientação social, jurídica, psicológica, entre outras, nas unidades prisionais paulistas.

9. Um relato detalhado da elaboração e realização das oficinas pode ser visto em Massaro; Camilo (2018).

educativo deve ser dotado de intencionalidade. Nessa direção, a proposição das oficinas foi referenciada pelos estudos teóricos realizados nos encontros do Grupo de Estudos, como ferramentas para delinear o conteúdo e a metodologia em consonância aos objetivos e ao público de cada uma das atividades. O trabalho desenvolvido tem caráter interdisciplinar, envolvendo saberes sobre o sistema prisional em suas dimensões teórico-metodológica, ético-política e técnico-operativa.

2.4.1 Oficina "Ser Mulher"

Embora percentualmente pequeno (5,8% do total no país), conforme apresentado mais acima, o encarceramento feminino vem crescendo exponencialmente. Segundo os dados mais recentes sistematizados pelo Infopen (2017), em junho de 2016 o Brasil possuía 42.355 mulheres presas, o que corresponde a 5,8% da população prisional no país. O estado de São Paulo é responsável por 33% dessa população total (masculina e feminina), tendo, na mesma data de referência, 15.104 mulheres privadas de liberdade, ou seja, 35,6% das mulheres presas no país estavam sob responsabilidade do governo paulista.

O convite para a realização da oficina na Penitenciária Feminina de Campinas foi recebido com muito entusiasmo, visto que um dos temas abordado de forma mais aprofundada durante os estudos do grupo se refere ao encarceramento feminino e suas especificidades na atualidade.

Ofertamos a oficina em dois dias da semana, e em cada dia realizamos duas vezes, atingindo cerca de 90 mulheres[10].

10. Conforme dados disponibilizados pela SAP (2018), a referida unidade tem capacidade para 556 mulheres e está sempre perto desse limite de ocupação. É importante ressaltar

Escolhemos essa modalidade de atividade pela potencialidade de atingir de forma mais direta e aprofundada as participantes do que a atuação no formato de palestra, que anula praticamente a participação de quem assiste.

Assim, a partir do acúmulo teórico sobre o tema e leituras sobre o trabalho social com grupos, foi planejada a oficina *Ser Mulher*, que teve como principal objetivo discutir as relações e os papéis sociais de gênero na atualidade. Para tanto, também nos preparamos para tratar sobre a situação de cárcere feminino e suas consequências subjetivas e materiais, principalmente no que tange à autoestima e aos vínculos familiares; além das perspectivas futuras das participantes.

Para criarmos a metodologia da atividade, um dos nossos pressupostos foi buscar um formato que minimizasse o distanciamento de papéis impostos por nossos locais de atuação: universidade/mulheres encarceradas no intuito de realizar uma atividade de fato significativa para as participantes. Assim, a oficina foi realizada em seis grandes momentos, conforme descrito a seguir.

Iniciamos a oficina com uma roda de apresentação, tanto nossa quanto das mulheres participantes, de forma livre, para que cada uma escolhesse as informações correspondentes à apresentação. Assim, algumas falaram por quais crimes cometidos estavam presas e outras não[11].

---

que, embora a Jornada da Cidadania seja aberta a todas as pessoas presas, a direção da unidade seleciona as participantes, de modo que tivemos mulheres que estavam na sala mas não quiseram participar (mas também não podiam voltar para a cela) e mulheres que participaram mais de uma vez, pois gostaram da atividade.

11. Conforme dados do Infopen (2017), em junho de 2016, pouco mais de 28% da população prisional brasileira decorre de crimes relativos a drogas. Todavia, enquanto entre os homens esse percentual é de 26%, na mesma data de referência entre as mulheres presas, chega aos 62%. Nas oficinas realizadas, de todas as mulheres que informaram por

Em seguida, no intuito de propiciar o resgate da memória familiar, realizamos uma dinâmica para explicar a origem do nome (quem escolheu, o que significa). Esse momento foi muito significativo, pois pudemos perceber a diversidade de relações familiares nos grupos participantes. Também foi descontraído, possibilitando maior entrosamento entre o grupo. Ao término dessa dinâmica, fizemos algumas intervenções no sentido de explicitar que cada ser com sua história é único no mundo, e que a individualidade de cada uma é muito importante, mesmo que apenas para si própria, abrindo espaço para o terceiro momento da oficina, com o questionamento sobre o que é ser mulher, e sobre o qual as mulheres falaram livremente.

Na sequência, convidamos as participantes a produzir um material escrito ou visual sobre a questão, podendo utilizar imagens, frases, palavras das revistas que disponibilizamos, ou criassem de maneira livre.

O momento seguinte consistiu na socialização dos materiais produzidos de forma espontânea. Esse momento também foi bem significativo, uma vez que os materiais e as falas retrataram os papéis sociais de gênero e suas relações com o cárcere feminino, principalmente no que tange ao afrouxamento ou mesmo rompimento dos vínculos familiares; ao cuidado com os filhos; à preocupação quanto à reinserção social enquanto egressas, entre outros.

Fechamos a oficina discutindo, a partir da produção dos cartazes, que não há um modelo de ser mulher, e que a luta deve ser pela garantia dos direitos de cidadania e respeito que pertencem a todos nós, independentemente da identidade de gênero, da condição social ou da situação de prisão.

---

qual crime estavam presas, apenas quatro não estavam por crimes relacionados à lei de drogas (Brasil, 2006).

De maneira geral, o resultado nos surpreendeu positivamente pela adesão à participação, sobre a qual havíamos ficado reticentes no planejamento da oficina.

Considerando as bases teóricas trabalhadas no grupo de estudo, foi possível aos alunos um olhar sociológico na elaboração e no desenvolvimento da atividade, além de um aprendizado sobre atuação profissional, dimensionando os aspectos teórico-metodológicos na compreensão do encarceramento feminino na sociedade brasileira, a singularidade de cada participante em suas expressões, oportunizando um espaço de manifestação de suas angústias, demandas, expectativas e muito aprendizado.

2.4.2 Oficina "Perspectivas para o Futuro"

Diferentemente da feminina, a unidade masculina em que as atividades foram realizadas tem capacidade para 2.058 presos, mas abriga por volta de 3.000 homens (SAP, 2018), caracterizando a superlotação permanente.

Por se tratar de uma unidade de regime semiaberto, e conforme a prerrogativa legal, o pressuposto era que a maioria dos participantes estivesse ocupando algum posto de trabalho, mas na realidade eram poucos os que tinham uma atividade vinculada ao trabalho.

Nas funções declaradas do sistema prisional brasileiro, a educação e o trabalho são principais instrumentos constantemente evocados nos discursos e na legislação, sendo considerados pela Lei de Execução Penal (Brasil, 1984) direitos dos presos, cabendo aos estados da federação ofertá-los nas unidades prisionais.

Além disso, dentre os diferentes regimes de pena, o regime semiaberto seria aquele que possibilita trabalho fora dos muros da prisão durante o dia e o retorno para dormir na unidade prisional, visando à readaptação do sentenciado ao convívio social.

Contudo, segundo os dados do Infopen (2017), vemos que nem o direito à educação e ao trabalho são garantidos a toda a população privada de liberdade, nem o regime semiaberto atende à obrigatoriedade do convívio em sociedade através do trabalho.

Sobre a educação, em junho de 2016 apenas 10% da população prisional brasileira estava envolvida em atividades educacionais escolares, além de 2% em atividades educacionais complementares[12].

Em relação ao trabalho, na mesma data de referência somente 15% da população prisional estava vinculada a alguma atividade laboral (Infopen, 2017), das quais apenas 13%, isto é, 12.470 em atividades externas.

No que se refere ao tipo de regime, em junho de 2016 apenas 15% dos presos haviam sido sentenciados com penas a serem cumpridas em regime semiaberto[13]. Sobre a estrutura, apenas 113 (8% do total no país) unidades prisionais serviam a esse tipo de regime (Infopen, 2017). Contudo, na prática, o cumprimento de pena nessas unidades não garante o direito ao trabalho fora dos muros, de modo que grande parte do contingente preso em regime semiaberto ou trabalhe dentro das unidades prisionais ou fique ociosa à espera de uma vaga de trabalho.

Acerca das questões acima apontadas, o estudo da bibliografia sobre precarização do trabalho na atualidade, trabalho penal e saúde mental do trabalhador ao longo os encontros do grupo de estudos e a realidade sobre as dificuldades concretas de

12. Remição pela leitura, remição pelo esporte, videoteca, biblioteca, lazer e cultura.

13. Cerca de 40% dos presos no país ainda não foram sentenciados e aguardam em regime fechado.

reinserção social, possibilitou a proposição da oficina *Perspectivas para o Futuro* para a unidade de regime semiaberto em Campinas.

A oficina teve como principal objetivo refletir coletivamente sobre as possibilidades de reinserção social pelo trabalho, considerando tanto a diminuição da oferta de trabalho formal para a população em geral quanto o estigma de "ex-preso", que dificulta a contratação; para tanto, analisamos ser pertinente discutir as perspectivas dos participantes em relação aos estreitamentos dos vínculos afetivos e familiares.

A metodologia proposta foi a mesma da oficina na unidade feminina relatada no item anterior, com alterações a partir do terceiro momento, no qual as intervenções sobre o resgate da memória familiar foram feitas buscando compreender o maior ou menor afrouxamento dos vínculos familiares e com a comunidade, pela reconstituição da memória das atividades laborais realizadas ao longo da trajetória de vida.

Por ser uma unidade maior, a primeira oficina contou com aproximadamente 60 participantes; a segunda turma teve a participação de cerca de 35 homens, muito mais pessoas que o previsto pelo grupo.

Durante as apresentações iniciais, o apego à religião foi um elemento muito marcante nas falas dos participantes, dos quais muitos apontaram terem se convertido a religiões de matriz neopentecostal após a prisão, como ponto de partida para uma nova vida. Também nesse momento, quase a totalidade dos participantes afirmou não estar vinculado a nenhuma atividade laboral, embora estivéssemos em uma unidade de regime semiaberto.

A socialização dos cartazes produzidos foi muito significativa, principalmente pela constatação de que, ao contrário do discurso do senso comum, grande parte dos participantes selecionou imagens, frases e palavras relacionadas às atividades de trabalho que fizeram ao longo da vida, apresentando o desejo retomar esses projetos ao término do cumprimento da pena. Também apareceram diversas produções com poesias, letras de músicas, protesto em relação à forma como os presos são vistos pela sociedade e o desejo de construir um local de apoio ao egresso, com possibilidade de ocupação para todos os interessados.

Finalizamos as duas turmas discutindo conjuntamente as dificuldades enfrentadas na realidade brasileira, enfatizando o entendimento do desemprego como um problema social e não individual.

É importante destacar que as intervenções dos participantes apontaram de forma muito clara a consciência sobre a estigmatizacão da condição de presidiário ser o principal entrave na colocação no mundo do trabalho, sobretudo no trabalho formal, de modo que o desejo de começar ou continuar um projeto autônomo em que não é necessário apresentar, dentre outros documentos, atestado de antecedentes criminais foi majoritário.

Essas atividades também nos surpreenderam de forma muito positiva, principalmente pela forte adesão dos participantes, cujo sentimento de poderem se expressar livremente e serem ouvidos dentro de um ambiente silenciador foi um dos elementos mais significativos levados pelo nosso grupo.

2.4.3 Produção de trabalhos científicos

Outro ponto a ser destacado pelo Grupo de Estudos foi a produção de trabalhos apresentados em eventos internos sob a forma de pôster e comunicação pelos alunos participantes.

Destacamos **o IV Encontro Parceria PUC-Campinas e Ministério Público Federal**, realizado em novembro de 2017, e o evento **Sistema Prisional e Desigualdade Socioeconômica,** também em novembro de 2017, organizado pela Universidade. Esta última atividade contou com um varal cultural de exposição da produção resultante das oficinas, com desenhos, poesias, pensamentos, recortes produzidos pelas mulheres e homens do sistema prisional, publicizando a questão.

Os trabalhos apresentados pelos alunos abordaram: Desigualdades, Violências e Diferenças: reflexões sobre o caso de Verônica Bolina e a situação da Diversidade Sexual e de Gênero em privação de liberdade; Prisão e marcadores sociais da diferença: exclusão e genocídio da juventude negra; Precarização do trabalho e trabalho penal; Mulheres, maternidade e família; Relato das oficinas realizadas nas unidades prisionais; Direitos humanos e a questão prisional no estado de São Paulo; O Serviço Social no Atendimento a Direitos no Sistema Prisional: o auxílio-reclusão.

Estas atividades apontam o espaço de interlocução entre aprofundamento teórico, produção de conhecimento e atuação na realidade concreta, fatores essenciais na formação profissional, qualificada pela estratégia interdisciplinar.

Considerações finais

Os resultados da experiência sinalizam para a relevância do compartilhar de saberes na perspectiva de formação e inserção profissional do assistente social e do cientista social no campo do sistema prisional, a relação com os direitos humanos e sociedade.

Segundo Torres (2017, p. 1), a prisão se torna a principal forma de punição a partir do século XIX, com a privação de liberdade, que na contemporaneidade se coloca como mecanismo de controle social, com objetivo de, "pelo tratamento penal ou penitenciário, regenerar, reformar, recuperar, reeducar ou reabilitar o indivíduo que comete um delito". Essa forma de punição tem apontado para resultados que não contribuem para diminuir os indicadores de violência, mas ao contrário ampliam as formas de violência como as condições desumanas dos presídios brasileiros, que trouxe à tona as mortes nos presídios no início de 2017.

Debater, analisar, tencionar os espaços de formação com a temática desta realidade sobre a violência do sistema prisional e os direitos humanos se faz necessário. Essa estratégia se concretiza pela interdisciplinaridade.

Entendemos que a experiência do Grupo de Estudos "Sistema Prisional, Direitos Humanos e Sociedade", organizado pelas docentes das Faculdades de Serviço Social e Ciências Sociais da PUC-Campinas, contribui para um alargamento de possibilidades na formação profissional, tanto rompendo barreiras disciplinares, possibilitando a compreensão da questão sobre a prisão na realidade brasileira, à luz das referências de compreensão da sociedade com seus marcadores sociais de diferenças e desigualdades: classe social, etnia e gênero, possibilitando a democratização, flexibilização de saberes na construção teórico-metodológica, ético-política e técnico-operativa. A atividade possibilitou ainda, de forma restrita, a experiência de intervenção neste universo complexo através das oficinas.

O processo de formação possibilitado pelo Grupo de Estudos atraiu jovens estudantes, dentre os quais ressaltam os indicadores significativos de adesão, interesse participação, encaminhamento de propostas e desdobramentos em outras atividades citadas, sob um olhar crítico que, a partir dos referenciais teóricos, aproxima-se da realidade analisando as fontes de informação, construindo um olhar à luz dos pressupostos dos direitos humanos e do sentido do sistema prisional em uma sociedade de classes marcada por profundas desigualdades sociais como a realidade brasileira, que pune no sistema atual os pobres, jovens e negros.

A Universidade tem um papel relevante de oportunizar o conhecimento, ampliá-lo e partilhá-lo com a sociedade, para ampliar a atitude crítica (Chaui, 1998, p.12) ao desconstruir com "atitude negativa, isto é, dizer não ao senso comum aos pré-conceitos, aos pré-juízos, aos fatos e às ideias da experiência cotidiana, ao que todo mundo diz e pensa, ao estabelecido".

Referências

ABEPSS. Associação Brasileira de Ensino e Pesquisa em Serviço Social, Disponível em: < http://www.abepss.org.br/gtps.html>. Acesso em: 10 out. 2018.

BRASIL. *Lei n. 11.343, de 23 de agosto de 2006.* Institui o Sistema Nacional de Políticas Públicas sobre Drogas — Sisnad; prescreve medidas para a prevenção ao uso indevido, atenção e reinserção social de usuários e dependentes de drogas; estabelece normas para a repressão à produção não autorizada e ao tráfico ilícito de drogas; define crimes e dá outras providências. Disponível em: <http://www.planalto.gov.br/ccivil_03/_ato2004-2006/2006/lei/l11343.htm>. Acesso em: 10 out. 2018.

______. *Lei n. 7.210, de 11 de julho de 1984. Lei de Execução Penal.* Disponível em: <http://www.planalto.gov.br/ccivil_03/LEIS/L7210.htm>. Acesso em: 10 out. 2018.

BRITO, Andiara Araújo Cunegundes de; SILVA, Danielle Souza; AZEVEDO, Dulcian Medeiros de. Formação do acadêmico de enfermagem: vivência na atenção a usuários de drogas psicoativas. Relato de Experiência. *Revista de Enfermagem Escola Anna Nery*, Rio de Janeiro, UFRJ, v. 16, n. 2, p. 395-400, abr.-jun. 2012.

CAMPOS, Gastão Wagner de Souza. Saúde pública e saúde coletiva: campo e núcleo de saberes e práticas. *Revista Ciência & Saúde Coletiva*, v. 5, n. 2, p. 219-230, 2000. Disponível em: <http://www.scielo.br/scielo.php?pid=S1413-81232000000200002&script=sci_abstract&tlng=pt>. Acesso em: 10 out. 2018.

CAMPOS, Gastão Wagner de Souza et al. Análise crítica sobre especialidades médicas e estratégias para integrá-las ao Sistema Único de Saúde (SUS). *Cadernos de Saúde Pública*, v. 13, n. 1, p. 141-144, 1997.

CHAUI, Marilena. *Convite à filosofia*. 10. ed. São Paulo: Ática, 1998.

DAVIS, Angela. O legado da escravidão: parâmetros para uma nova condição da mulher. In: ______. *Mulheres, raça e classe*. São Paulo: Boitempo, 2016.

FAZENDA, Ivani. (Org.) *O que é interdisciplinaridade?* São Paulo: Cortez, 2008.

FOLHA DE S. PAULO. *Pesquisa traz alerta sobre eficiência da polícia no tráfico*. Cotidiano B1, 27 de maio 2018.

______. *E agora, Brasil?* Segurança Pública. 21 de abril de 2018.

FOUCAULT, Michel. *Vigiar e punir:* nascimento da prisão. 33. ed. Petrópolis: Vozes, 2007.

FRIGOTTO, Gaudêncio. A interdisciplinaridade como necessidade e como problema nas ciências sociais. *Revista do Centro de Educação Unioeste*, Campus Foz do Iguaçu, v. 10, n. 1, p. 46-62, 2008. Disponível em: <http://e-revista.unioeste.br/index.php/ideacao/article/view/4143>. Acesso em: 10 out. 2018.

FUNAP. Fundação "Prof. Dr. Manoel Pedro Pimentel". *Sobre a FUNAP.* Disponível em: <http://www.funap.sp.gov.br/site/index.php/sobre_funap>. Acesso em: 10 out. 2018.

GOFFMAN, Erving. *Estigma.* Notas sobre a manipulação da identidade deteriorada. 2. ed. Rio de Janeiro: Zahar, 1978.

______. *Manicômios, prisões e conventos*. São Paulo: Perspectiva, 1974.

GOMES, Nilvania Alves. Serviço Social e interdisciplinaridade. 4. Simpósio mineiro de assistentes sociais CRESS-MG. 2016. Disponível em: <http://cress-mg.org.br/hotsites/Upload/Pics/b0/b05174b2-f299-4679-8d9a-70cdd43580ed.pdf>. Acesso em: 10 out. 2018.

GUERRA, Yolanda. A instrumentalidade no trabalho do assistente social. *Cadernos do Programa de Capacitação Continuada para Assistentes Sociais*, "Capacitação em Serviço Social e Política Social", Módulo 4: O trabalho do assistente social e as políticas sociais. CEFESS/ABEPSS/UnB, 2000.

IAMAMOTO, Marilda Vilela. O Serviço Social na cena contemporânea. In: CFESS (Conselho Federal de Serviço Social); ABEPSS (Associação Brasileira de Ensino e Pesquisa em Serviço Social). *Serviço Social*: direitos sociais e competências profissionais. Brasília, 2009.

INFOPEN. *Levantamento nacional de informações penitenciárias*. Atualização — junho de 2016. 2017. Disponível em: <http://www.justica.gov.br/news/ha-726-712-pessoas-presas-no-brasil/relatorio_2016_junho.pdf>. Acesso em: 10 out. 2018.

______. *Levantamento nacional de informações penitenciárias. INFOPEN Mulheres* — junho de 2014. 2015. Disponível em: <http://www.justica.gov.br/seus-direitos/politica-penal/documentos/relatorio-infopen-mulheres.pdf>. Acesso em: 10 out. 2018.

IPEA. *Atlas da Violência*. IPEA e Fórum Brasileiro de Segurança Pública. Rio de Janeiro, junho de 2017. Disponível em: <http://www.ipea.gov.br/atlasviolencia/download/2/2017>. Acesso em: 10 out. 2018.

JAPIASSU, Hilton. *Interdisciplinaridade e patologia do saber*. Rio de Janeiro: Imago, 1976.

MASSARO, Camilla Marcondes. *Trabalho em tempos de crise:* a superexploração do trabalho penal nos Centros de Ressocialização Femininos do Estado de São Paulo. Tese (Doutorado em Ciências Sociais) — Universidade Estadual Paulista "Júlio de Mesquita FiIlho", Faculdade de Ciências e Letras (Campus de Araraquara), 2014.

MASSARO, Camilla Marcondes; CAMILO, Maria Virginia Righetti Fernandes. A atuação do grupo de estudos "Sistema Prisional, Direitos

Humanos e Sociedade" através de oficinas temáticas em unidades prisionais de Campinas (SP): relato de experiência". 6º Encontro Internacional e 13º Encontro Nacional de Política Social, 2018, Vitória. Encontro Internacional e Nacional de Política Social, *Anais*... Vitória, 2018. Disponível em: <http://periodicos.ufes.br/EINPS/article/view/20093>. Acesso em: 10 out. 2018.

______. Sistema Prisional, Direitos Humanos e Sociedade: relato de experiência das Faculdades de Ciências Sociais e Serviços Social da PUC-Campinas/SP. 5º Encontro Internacional e 12º Encontro Nacional de Política Social, 2017, Vitória. Encontro Internacional e Nacional de Política Social, *Anais*... Vitória, 2017. Disponível em: <http://periodicos.ufes.br/EINPS/article/view/16567/11423>. Acesso em: 10 out. 2018.

MOTA, Ana Elizabete. Espaços ocupacionais e dimensões políticas da prática do assistente social. *Serviço Social & Sociedade*. São Paulo, n. 120, p. 694-705, out./dez. 2014. Disponível em: <http://www.scielo.br/pdf/sssoc/n120/06.pdf>. Acesso em: 10 out. 2018.

ONU. *Regras das Nações Unidas para o tratamento de mulheres presas e medidas não privativas de liberdade para mulheres infratoras* (Regras de Bangkok). 2010. Tradução não oficial. Disponível em: <http://carceraria.org.br/wp-content/uploads/2012/09/Tradu%C3%A7%C3%A3o-n%C3%A3o-oficial-das-Regras-de-Bangkok-em-11-04-2012.pdf>. Acesso em: 10 out. 2018.

______. *Regras mínimas de padrão para o tratamento de reclusos*. 1957. Disponível em: <http://pfdc.pgr.mpf.mp.br/atuacao-e-conteudos-de-apoio/legislacao/sistema-prisional/regras_minimas.pdf>. Acesso em: 10 out. 2018.

SAP. Secretaria da Administração Penitenciária. *Unidades prisionais*. Disponível em: <http://www.sap.sp.gov.br/>. Acesso em: 14 jun. 2018.

SAVIANI, Dermeval. Sobre a natureza e a especificidade da educação. In: ______. *Pedagogia histórico-crítica*. Campinas, SP: Autores Associados, 2003.

TORRES, Andrea de Almeida. *Críticas ao tratamento penitenciário e a falácia da ressocialização*. Texto disponibilizado na Aula Inaugural da Faculdade de Serviço Social PUC-Campinas, 2017.

WACQUANT, Loïc. *As prisões da miséria*. Rio de Janeiro: Zahar, 2001.

A intervenção do serviço social e a interdisciplinaridade no Tribunal de Justiça de São Paulo

Fabiana Aparecida de Carvalho

Além de uma grande satisfação, é, concomitantemente, um desafio não somente retratar o campo sócio-ocupacional do Serviço Social no judiciário e situá-lo na perspectiva da intervenção e interdisciplinaridade, bem como problematizá-lo; contudo, esse é o objetivo dessas linhas.

Desse modo, no sentido de melhor me fazer entender e compartilhar a organização desses escritos, explicito que o caminho lógico dessa construção passa por três elementos: o Serviço Social como profissão no judiciário e o contexto social atual; A intervenção do Serviço Social no judiciário, e, por fim, Intervenção e interdisciplinaridade do Serviço Social no judiciário.

O Serviço Social como profissão no judiciário e o contexto social atual

O Serviço Social como especialização na divisão sociotécnica do trabalho, ainda que em suas novas morfologias, insere-se na sociedade capitalista. Tanto o Serviço Social quanto o judiciário existem na esfera dessa sociedade que vive na contemporaneidade mais uma crise estrutural do seu modelo econômico.

Crise que atinge escala planetária, embora seus efeitos sejam diferenciados em cada país e sejam bastante particulares no Brasil — que já possui uma história de precarização de acessos aos direitos[1]. Por tratar-se do mecanismo de funcionamento do

1. Além dos autores já conhecidos no Serviço Social que sabidamente apresentam análises sobre a temática — José Paulo Netto, Marilda Villela Iamamoto, Maria Carmelita Yazbek, José Fernando Siqueira da Silva — sugiro também a página do 4º Simpósio Mineiro de Assistentes Sociais do CRESS-MG, que teve por temática "80 anos de Serviço Social: tendências e desafios", que reuniu inúmeras contribuições expressivas sobre a questão da

próprio capital, as crises acontecem de modo cíclico, por isso ao longo da história ocorre a busca para a superação dessas e a viabilização de estratégias para alcançar maiores lucros.

No âmbito internacional, é possível destacar em 1970 que as respostas do capital à sua crise estrutural foram a globalização e o neoliberalismo, que no cenário brasileiro teve expressão mais significativa a partir de 1990. Diga-se de passagem, respostas essas que não atingiram seus objetivos, tanto que, na atualidade, a partir da nova face dessa crise, há também a financeirização.

Não é o interesse deste texto alongar a análise sobre as crises cíclicas do capital[2] — tendo em vista o objetivo desses escritos — contudo, importa, ainda que brevemente, caracterizá-las e situá-las em suas interfaces com a atuação do assistente social judiciário.

Ora, sabemos que a globalização — como mecanismo econômico de obtenção de lucro do capital — abriu as barreiras nacionais e praticamente "presenteou" o capital internacional com a venda de grandes empresas brasileiras[3]. Houve um "assalto legalizado", e as promessas de um futuro generoso na economia nacional com empregos duradouros e com melhores

---

Crise Estrutural do Capitalismo e seus impactos no Serviço Social. Disponível em: http://www.cress-mg.org.br/hotsites/4-simposio-mineiro-de-assistentes-sociais

2. O objetivo do texto não comporta maiores aprofundamentos sobre a questão, contudo, tanto no interior da categoria profissional do Serviço Social como para além de seus limites, encontramos inúmeras contribuições expressivas que consolidam as análises acerca do capital como modo de produção da sociedade e reprodução da vida. Inspirados na obra marxiana, vários autores do Serviço Social desenvolvem suas análises e problematizam esse sistema, suas crises cíclicas, os desdobramentos nas políticas sociais e impactos no exercício profissional do Serviço Social. Na bibliografia deste texto, são facilmente identificados quais são esses autores.

3. Diversas publicações da época caracterizam e problematizam esses capítulos, por assim dizer, "iniciais" do neoliberalismo do Brasil. Dessas, sugiro: SADER, Emir; GENTILI, Pablo (Org.). *Pós-neoliberalismo*: as políticas sociais e o Estado democrático. Rio de Janeiro: Paz e Terra, 1995; LESBAUPIN, Ivo (Org.). *O desmonte da nação*: balanço do governo FHC. Petrópolis: Vozes, 1999.

remunerações para todos, ficaram apenas nas propagandas e discursos épicos.

O neoliberalismo, como braço ideológico dessa estrutura, enlaçou as consequências coletivas dos desdobramentos da crise e da globalização e os lançou com nome e sobrenome a cada indivíduo, enganosamente propondo a responsabilização individual. Reforçou a ideologia do mérito e "culpabilização" individual pelos (in)sucessos vividos, estimulou o voluntarismo e capturou movimentos críticos importantes, como Organizações da Sociedade Civil que propunham uma oposição ao Estado e as canalizou para o movimento do próprio capital[4].

Já a financeirização, relativamente mais recente, apresenta a possibilidade ilusória de que o dinheiro se "autocria"[5], o que reverbera como uma lacuna abissal para a classe trabalhadora, que — na maioria das vezes — nem sequer compreende esse mecanismo, embora pague por ele a custo de vida e trabalho.

E o que esse cenário tem a ver com o Serviço Social Judiciário? Essa não é uma questão difícil de ser respondida, pois à medida que esse tripé: neoliberalismo, globalização e financeirização, se materializam como saídas do capital para sua crise estrutural, produzem consequências avassaladoras no cotidiano, especialmente da classe trabalhadora: os acessos às condições mínimas de vida decaem absurdamente, o que reverbera nas relações sociais de modo intenso afetando a vida concreta bem como a subjetividade dos sujeitos.

---

4. Na filmografia: "Quanto Vale ou é por quilo?" é uma produção que contribui para aguçar a discussão e dialogar sobre os movimentos de captura do capital — em que se enlaça e incorpora movimentos de oposição ao seu próprio funcionamento.

5. Sobre a financeirização, terceira face da tríade globalização e neoliberalismo, sugiro a consulta, para além das referências ao final do artigo, também às diferentes palestras e produções do 4º Simpósio Mineiro de Assistentes Sociais (já indicado aqui), bem como à entrevista da revista *Carta Capital* de 2/6/2018, disponível em: <https://www.cartacapital.com.br/economia/a-financeirizacao-da-politica-social-o-caso-brasileiro-301.html>.

As políticas sociais são enfraquecidas tanto nos cortes de orçamentos como no lançamento de serviços ou programas que vão absolutamente de encontro com a universalidade dos direitos e da compreensão de totalidade humana; intensifica-se a precarização das políticas sociais através da focalização e seletividade destas[6], bem como na terceirização dessas — seja voltada para o terceiro setor, para o voluntarismo, ou mesmo para as famílias, fortalecendo o chamado familismo[7]. O capital generosamente socorre os bancos e grandes empresários, enquanto a classe trabalhadora paga por esse socorro.

Contraditoriamente, embora financie com vida e trabalho o socorro capital, essa mesma classe não é dispensada de comparecer devidamente às suas responsabilidades, fazendo funcionar muito bem o binômio "direitos-deveres", que historicamente demonstrou ser efetivado somente para ela.

É nesse contexto social em que ocorre o fortalecimento de ideologias, movimentos e ações conservadores e danosos à vida social: o fascismo, intolerâncias religiosas, feminicídios, o racismo e tantas outras[8]. Paralelo a esse universo, aumenta-se o cenário de desempregados e da violência, o que contribui para que a própria população almeje por mais segurança, e num devaneio

6. Para aprofundamento dessa temática, sugiro: BEHRING, Elaine Rossetti. Expressões políticas da crise e as novas configurações do Estado e da Sociedade Civil. In: CFESS/ ABEPSS. *Serviço Social*: direitos sociais e competências profissionais. Brasília: CFESS/ABEPSS, 2009. BEHRING, Elaine Rossetti et al. (Orgs.). *Política social no capitalismo*: tendências contemporâneas. São Paulo: Cortez. 2008. BEHRING, Elaine Rossetti. *Brasil em contra-reforma*: desestruturação do Estado e perdas de direitos. São Paulo: Cortez, 2003.

7. A caracterização e problematização do então denominado familismo pode ser encontrada em MIOTO, Regina Célia Tamaso; CAMPOS, Marta Silva; CARLOTO, Cássia Maria (Orgs.). *Familismo, direitos e cidadania*: contradições da política social. São Paulo: Cortez, 2015. Trata-se de vários artigos que um a um desvelarão a responsabilização e sobrecarga da família realizada pela própria política social que deveria protegê-la.

8. Sugiro consulta à palestra de Maria Lucia Barroco, publicada em 19/9/2013, disponível em: <https://www.youtube.com/watch?v=aY4rzQU2uLo>.

de repetição histórica há um clamor manipulado pela maior intervenção da segurança pública em um terreno de ineficiência de direitos sociais.

Junto disso, há um expressivo aumento pela judicialização da questão social, em que o Poder Judiciário determina o que haverá de ser feito com a causa que lhe foi apresentada.

Assim, o Serviço Social no judiciário atua no importante papel de subsidiar o magistrado a partir do ponto de vista técnico elaborado a partir de estudos sociais realizados apresentados, por exemplo, através dos laudos sociais produzidos. Essa atuação vem sendo historicamente reconhecida, inclusive pela demanda da instituição pela manutenção e ampliação do quadro de profissionais.

A intervenção do Serviço Social no judiciário

O sistema judiciário compõe o campo sociojurídico[9] onde o Serviço Social possui intervenção profissional articulada às ações de natureza jurídica. A inserção de assistentes sociais no judiciário ocorre no século XX, entre as décadas de 1940 e 1950, junto aos então denominados "Juizados de Menores" (Fávero; Melão; Jorge, 2005)[10]. Contudo, ao apropriar-se da função, legitimar-se nesse espaço sócio-ocupacional e corresponder às demandas da

9. No Serviço Social convencionou-se chamar de campo sociojurídico os espaços sócio-ocupacionais do Sistema Penitenciário, Defensoria Pública, Fundação Casa, Ministério Público e Tribunal de Justiça.

10. Para aprofundar-se na história do Serviço Social no Tribunal de Justiça, ver: *Manual de Procedimentos Técnicos do Judiciário*. Disponível em: http://www.tjsp.jus.br/Download/Corregedoria/pdf/manual_de_procedimentos.pdf. Acesso em: 20 out. 2018.

realidade, esse profissional passa a ser solicitado pelas diferentes Varas que compõem esse Sistema.

Ora, aconteceram inúmeras transformações ao longo dos anos, tanto na perspectiva jurídico-legal dos direitos, quanto no interior da profissão. Sendo, sobre a primeira: a promulgação da Constituição Federal de 1988, Estatuto da Criança e do Adolescente (Lei n. 8.069/20), Estatuto do Idoso (Lei n. 10.741/03), Lei Maria da Penha (Lei n. 11.340/06), dentre outras; e, sobre a segunda, no interior da profissão — o Movimento de Reconceituação, a construção de um Projeto Ético-Político[11] e as expressivas alterações no Código de Ética Profissional.

> (...) O que significa que toda intervenção na realidade, por parte do ser humano e, particularmente aqui, por parte do Assistente Social, tem uma dimensão teleológica — isto é, o profissional projeta o resultado a ser alcançado e esse projetar confere uma direção social à finalidade do trabalho. Uma direção que não é neutra, não é a-histórica — ela é condicionada pela visão de mundo, pelos valores, crenças, hábitos, fundamentos teóricos, princípios éticos que constroem o agir profissional (Fávero, 2004, p. 34).

O que compete, então, ao assistente social judiciário? Há uma lista bastante abrangente de atribuições da equipe técnica do judiciário, contudo, pode-se afirmar que, em suma, ela deve:

---

11. O Projeto Ético-Político do Serviço Social compreende a direção social da profissão com vistas à democracia, liberdade e superação do capital, também não é possível aprofundar nesse texto, mas é importante ressaltar a necessidade cotidiana de sua afirmação. É importante que o discurso de que a teoria é uma e a prática seja desconstruído. Há enfática relevância em contribuirmos para que assistentes sociais sejam capazes de construir mediações e sínteses em seu exercício profissional cotidiano. Para futuras pesquisas, sugiro o *Revista Inscrita* n. 10, disponível em: <https://issuu.com/cfess/docs/revistainscrita-cfess__10_>. Acesso em: ???????

> Fornecer subsídios por escrito mediante laudos, ou verbalmente, na audiência, e bem assim desenvolver trabalhos de aconselhamento, orientação, encaminhamento, prevenção e outras, tudo sob a imediata subordinação à autoridade judiciária, assegurada a livre manifestação do ponto de vista técnico (TJSP, *Manual de Procedimentos Técnicos*, 2017, p. 24).

Todas essas atribuições devem ser realizadas a partir dos princípios éticos da profissão. Como lembra Iamamoto (2008, p. 226):

> Os princípios éticos, ao impregnarem o exercício cotidiano, indicam um modo de operar o trabalho profissional, estabelecendo balizas para a sua condução nas condições e relações de trabalho em que é exercido e nas expressões coletivas da categoria profissional na sociedade. Aquela efetivação que condensa e materializa a firme recusa à ingenuidade ilusória do tecnicismo.

Nesse sentido, importa ter bastante clareza sobre as dimensões do Serviço Social — teórico-metodológica, ético-política e técnico-operativa. Este é um destaque importante deste texto, pois nenhuma dimensão deve sobressair-se a outra e relegá-la a uma importância diferenciada. Afinal, parece não fazer sentido em uma profissão de ciências sociais aplicadas realizar uma excelente crítica à realidade, sem lançar mão de instrumentalidades éticas e estratégicas para transformar essa realidade. Assim como parece esvaziar-se de sentido utilizar-se de tecnicismo puro, sem a direção social transformadora.

> o cotidiano é o lugar do espontâneo, do hábito, do desempenho automático dos papéis, da rotina, mas é um lugar onde o homem participa por inteiro, onde coloca em funcionamento todos os seus sentimentos, paixões, ideias, e ideais. É onde apreende o mundo e

> nele se objetiva de forma única, dentro das possibilidades oferecidas por este mundo. Portanto, é o lugar onde o homem vive sua particularidade, mas também é onde pode superá-la em direção à humanidade (Martinelli et al., 2001, p. 103).

Realizar o diálogo entre as dimensões do Serviço Social é um desafio intenso e cotidiano na intervenção do assistente social judiciário. É necessário descortinar a realidade e compreender as expressões da questão social manifestas a cada processo. Esse processo envolve uma natureza jurídica específica sobre a vida de várias pessoas e um grupo familiar que será atingido com o que for determinado. Trata-se não somente de um exercício analítico documental de diferentes fontes, inclusive bibliográficas, pode também haver outras etapas como: entrevistas sociais, visitas domiciliares e interlocução com a rede de atendimento; um conjunto de ações com a finalidade de consubstanciar um laudo com sugestão técnica, que será remetido ao magistrado com indicação do que se compreende — na perspectiva social — que atenderia o melhor interesse da criança no contexto apresentado. Ou, no caso de não haver criança, em processos de idosos ou deficientes, o melhor interesse destes.

O passo a passo de intervenção no processo (que pode ser de diferentes naturezas ou Varas, por exemplo, guarda — Vara Cível; adoção — Vara da Infância e Juventude, entre outros) chega ao setor técnico para a realização do estudo profissional, que pode ter determinação judicial para ser realizado pelo setor de Serviço Social, pelo setor de Psicologia ou por ambos os setores, resultando em um estudo psicossocial.

A partir da leitura dos autos, a profissional elenca as estratégias que utilizará para a realização do estudo, que na maioria das vezes incide em: entrevistas sociais — individuais e/ou em grupo, a depender do processo, visitas domiciliares, visitas institucionais, interlocução com a rede de atendimento, discussão interdisciplinar e, por fim, a elaboração do laudo.

Trata-se de importante responsabilidade elaborar o laudo social, tendo em vista que a intervenção judiciária na vida das pessoas e grupos familiares marca sua trajetória: opinar pelo melhor interesse da criança na questão da guarda, pelo acolhimento institucional; ou casos de interdição, tutela, curatela, dissoluções, divórcios litigiosos, e até mesmo casos de violência doméstica.

A atuação profissional aponta para singularidades e particularidades que dialogam com uma realidade universal. Analisamos esse diálogo em seu movimento dialético, registramo-lo nos laudos e opinamos especificamente para aquele processo, para aquela pessoa e família, naquele contexto e data.

Importa destacar que esse exercício demanda do profissional uma qualificação contínua e uma postura de escuta fundamental para a avaliação social ou mesmo psicossocial.

Não raro nas entrevistas sociais ou visitas domiciliares, as pessoas, adultos e crianças, compartilham diferentes expressões da questão social e também das relações humanas materializadas em suas vidas. Dialogamos com seres humanos inteiros, constituídos de sua objetividade e subjetividade, em um recorte circunstancial de suas vidas. Na maioria das vezes, um recorte doloroso, seja por rompimentos, lutos e/ou violações de direitos.

Sintetizar esse momento parece ser uma tarefa que as letras não comportam. Por isso, passei a fazer pequenas anotações em meu cotidiano com alguns processos que me marcaram profissionalmente. A fala das pessoas é reveladora de seu momento e também de nossa sociedade. Permito-me compartilhar um deles.

Recebi um processo de tutela de um menino de 5 para 6 anos, que ficaria sob os cuidados da irmã, após morte precoce de sua genitora por motivo de doença terminal. Seu pai já havia falecido há alguns anos, ela era a parenta mais próxima, o garoto parecia gozar de seus direitos básicos, e toda a rede social consultada apontava para a efetivação dos direitos daquela criança. Pareceu-me um processo bastante simples, se comparado a tantos outros que avaliamos todos os dias.

Pois bem, esse menino, magro, com olhos de jabuticaba, a quem vou chamar de Cristiano, entra em minha sala[12] para a entrevista. E nada do que havia ali — ao contrário de tantas outras crianças — lhe chamou atenção. Pediu para se sentar, escolheu sentar na cadeira e, antes que eu me apresentasse, já perguntou meu nome e pediu para fazer uma pergunta. Veja a pergunta que me foi feita:

— "Você é rica?"

— Não, não sou.

— "Mas nessa cidade tem gente rica?"

— Tem, tem pouca gente rica e muita gente pobre.

Entre idas e vindas de nossa conversa, a riqueza aparecia como algo a ser conquistado. Passei a conhecer inicialmente sua vida, seus gostos, seus amigos, seus cuidados. Cristiano era um desses meninos que consegue se comunicar muito bem — dentro de sua fase de desenvolvimento. Falou sobre a perda da mãe e como sentia saudades dela, falou sobre a irmã, que desde antes da mãe falecer passou a se responsabilizar por seus cuidados, e que ele era "meio filho dela e do marido dela, porque ele podia ir até no colo quando queria" (sic).

Já possuía os dados técnicos necessários para meu relatório que subsidiaria a decisão do magistrado, porém, alonguei a entrevista. Deixei Cristiano falar, perguntei se ele queria sentar-se

12. Procuro ambientar minha sala de modo acolhedor especialmente para as crianças, na estrutura física em que me encontro na atualidade. Consegui decorar a parede, oferecer tapetes decorativos, em alguns momentos específicos faço uso de livros infantis e/ou brinquedos.

no tapete (quase todas as crianças chegam na sala e prontamente sentam, sem nem mesmo pedir) — ele então disse:

— "Não, eu tenho que ver uma coisa séria."

Pedi que ele me contasse mais sobre isso. Ele então me diz:

— "A minha mãe está numa cidade que tem ruas de ouro, preciso ganhar muito dinheiro para poder morar com ela lá, mas não sei onde é." (sic)

Ora, a forma como cada família representa o luto para si e para suas crianças é uma questão cultural que deve ser respeitada, porém, o que chamo a atenção aqui é a necessidade de criarmos o denomino "ouvido fino", uma sensibilidade na escuta profissional que nos dê elementos para a avaliação social que está sendo realizada. De fato, lidamos com seres humanos "inteiros", e avaliar socialmente desafia a olhar para esse ser humano. Nesse caso, não houve alteração do parecer social por conta das informações que Cristiano trouxe, mas em muitos outros tratou-se de informação fundamental para indicar novas etapas de estudo.

Intervenção e interdisciplinaridade do Serviço Social no judiciário

É sempre uma profunda responsabilidade realizar intervenção na vida de seres humanos, homens, mulheres e crianças que possuem história, desejos, sonhos, dificuldades e fragilidades — como qualquer outro, com a diferença de que tiveram oportunidades concretas bastante diferenciadas. Assim, respaldar-se para realizar as chamadas "escolhas de intervenção" demanda superar limites já estabelecidos, sobretudo, aqueles que se referem à avaliação da própria atuação.

Espaço privilegiado quando aproveitamos os diferentes conhecimentos e áreas com os quais estamos envolvidos (Carvalho, 2012, p. 77).

Vale ressaltar que a interdisciplinaridade está prevista no Código de Ética do Serviço Social:

> [...] o aprimoramento profissional de forma contínua, princípios éticos fundamentais: respeito às correntes profissionais democráticas existentes e suas expressões teóricas, das relações com outros profissionais: realizar críticas ao trabalho do colega de forma construtiva, respeitar as normas e princípios éticos das outras profissões e acima de tudo — incentivar sempre que possível a prática profissional interdisciplinar (Código de Ética do Assistente Social, 1993, p. 4-6).

Contudo, estar prevista e recomendada no Código de Ética não é o bastante para que ela se efetive, afinal o exercício profissional é materializado por sujeitos históricos: mulheres e homens que assumem a postura e a prática interdisciplinar, ou não.

Seria ingênuo ou até mesmo ilusório levantarmos a integralidade de dada satisfação e prazer nessa prática, não me parece que seja real. O diálogo entre os diferentes campos do conhecimento, por diversas vezes, provoca desconforto, incerteza, angústia.

Nesse sentido, a interdisciplinaridade exige que se tenha clareza dos conteúdos e possibilidades que o campo de conhecimento representado pode oferecer, bem como que se permita transitar no diálogo com diferentes áreas. O que não significa "tornar-se" outro profissional, perder a identidade ou violar os limites éticos.

Parece-me que desenvolver uma postura crítica sobre o modo de produção capitalista, sua busca perversa e incessante pelos lucros e reconhecer a reprodução desse universo no mundo do trabalho e na vida das pessoas, pode ser elemento que favoreça pensar em possibilidades de atuação — não para que se precarize as relações de trabalho, mas para que assistentes sociais sujeitos históricos consigam refletir sobre seu exercício profissional.

Onde e como vivenciar a interdisciplinaridade nesse contexto?

> Nesse sentido, é importante refletirmos que há, ainda, outro elemento fundamental para a interdisciplinaridade: a capacidade do profissional em reconhecer mérito e legitimidade nos conhecimentos das demais profissões entre si (Carvalho, 2012, p. 78).

Ao validar o conhecimento e as possibilidades e limites do Serviço Social, importa também reconhecer as contribuições das demais áreas, o que também pode desconfortar, pois essa posição aponta para reconhecer limites em nossas análises e em todas as outras. Importa reconhecer que a "disciplinaridade" e a fragmentação do conhecimento compartimentaram nossa interpretação do real, e um caminho possível para realizar aproximações com vistas à totalidade é a interdisciplinaridade.

Ora, interdisciplinaridade não se trata de uma técnica, de um curso, de algo que possa adquirir prontamente. Trata-se de uma postura que exige dialogar com o saber de seu campo do conhecimento e oferecê-lo aos debates produzidos em grupo, bem como ouvir os conhecimentos dos demais campos.

Esse diálogo nem sempre produz consensos, não se trata da reprodução da multidisciplinaridade e uma simples sobreposição de conhecimentos. A interdisciplinaridade muitas vezes antagoniza os pontos de vista, e, ainda assim, amplia perspectivas sobre o que se discute.

> [...] a interdisciplinaridade não como um método de investigação, uma técnica didática, um instrumento utilitário, um princípio de homogeneização, ou um modelo metodológico capaz de produzir ideias generalizadas ou universalizantes. Penso-a, inicialmente, como postura profissional que permite se pôr a transitar o "espaço da diferença" com sentido de busca, de desvelamento da pluralidade de ângulos que um determinado objeto investigado é capaz de proporcionar, que uma determinada realidade é capaz de gerar, que diferentes formas de abordar o relato podem trazer (Martinelli et al., 2001, p. 156).

Como ocorre a interdisciplinaridade no exercício da assistente social no judiciário? Importa destacar que não sou capaz de oferecer essa resposta de modo generalizado, tendo em vista que as comarcas funcionam de modos diferentes, algumas com maiores possibilidades concretas e também posturas mais abertas às trocas nos estudos, outras menos. Algumas comarcas possuem mais assistentes sociais que psicólogos (e vice-versa), impossibilitando que as agendas se encontrem e que os estudos possam ser realizados ao mesmo tempo. Contudo, ao lidar com o cenário de que os profissionais tenham agendas próximas e possuam abertura entre si para dialogar sobre o processo em questão, abre-se uma possibilidade de troca muito rica.

Conforme já manifestei no início do texto, os processos possuem diversas naturezas — especialmente nas comarcas do interior, em que a equipe atua em diferentes Varas. Assim, as discussões ocorrem acerca de processos de interdição — tutela/curatela, guarda, dissoluções, reconhecimento de união estável; adoções, acolhimentos, medidas cautelares inominadas, habilitação para adoção, violência doméstica etc.

Quando mencionei passo a passo a preparação para o estudo, citei a leitura dos autos e o planejamento para o estudo a ser realizado, que na maioria das vezes compõe entrevista social, interlocução com a rede e visita domiciliar — embora a visita domiciliar não ocorra em todos os processos.

No exercício profissional no TJSP, já vivi a experiência de adentrar em uma equipe que entendia e vivenciava a visita domiciliar como atribuição da assistente social, e tinha o funcionamento de a assistente social entregar — no momento da visita domiciliar — as solicitações de comparecimento para as entrevistas sociais e psicológicas. Esse foi meu primeiro embate interdisciplinar naquela equipe.

Apresentei a visita domiciliar como um instrumento técnico interdisciplinar, e a justificativa de que a realizaria somente a partir da avaliação técnica mediante o estudo dos autos, e não me comprometeria com a entrega das convocações. Isso gerou um mal-estar, alguns profissionais conseguiram dialogar, outros não. É muito comum que vários profissionais, e por vezes o magistrado, a compreendam como responsabilidade isolada do Serviço Social, e, nesse contexto que apresentei, para além da visita domiciliar, a assistente social se encarrega pela entrega da convocação das entrevistas, tanto do Serviço Social como da Psicologia. Algo se preservou, algo se modificou com esse posicionamento.

Por que escolhi esse primeiro exemplo, que mais tem a ver com o funcionamento da equipe do que com a condução e análise do processo? Porque a interdisciplinaridade é vivenciada e sentida entre os pares. Embora com respeito às demais áreas, nem sempre é agradável posicionar-se profissionalmente, especialmente sabendo que esse posicionamento afeta estruturas, relacionamentos e funcionamentos.

Já na condução dos estudos, as comarcas também funcionam de modos diferentes. Algumas comarcas possuem equipes específicas, na capital existem Varas Específicas e no interior, via de regra, o Setor atende ao mesmo tempo processos de diferentes natureza. As formas de organização e discussão interdisciplinar podem se diferenciar. Há por exemplo, cadernos de distribuição, de modo aleatório e a partir da contagem dos processos. Nessa forma, a cada processo a dupla pode se modificar, o que faz com que as discussões interdisciplinares se rodiziem entre diferentes assistentes sociais e psicólogos.

Na atualidade, trabalho em uma equipe que se utiliza da segunda forma de organização. Nesse sentido, é possível dialogar com os seis diferentes psicólogos da equipe, a depender do processo em que atuo. O que se modifica de discussão a discussão? As relações de diálogo, a intencionalidade e profundidade dos estudos e, por fim, a articulação dos pareceres. Via de regra, nada impede que profissionais entreguem seus relatórios antes uns dos outros ou com pareceres diferentes uns dos outros. Sem ilusões, isso não é nada fácil. É necessário lidar com o tempo de cada profissional (e me incluo nisso!): alguns que parecem rápidos demais, outros morosos demais para a entrega do relatório — que com os prazos pressionam a todos. E, no caso dos pareceres com conteúdos antagônicos, também produzem desconfortos, mas são possíveis. Cada profissional entrega seu estudo via sistema e dialoga a respeito deles, eles podem ou não coincidir.

Considerações finais

Vale destacar que o Sistema Judiciário é um dos mais antigos espaços sócio-ocupacionais do Serviço Social. A trajetória da categoria nessa instituição deu-se afirmando a necessidade e relevância de considerar a perspectiva social para subsidiar as decisões e sentenças judiciais no processo. Isso não é pouco, trata-se da oportunidade de registrarmos a perspectiva técnica do Serviço Social acerca daquele do processo, da organização de vida e trabalho e cultura, do (in)acesso aos direitos daquela pessoa/família. A sugestão técnica tem exatamente a potência denominada: trata-se de uma sugestão. A decisão é sempre do magistrado, contudo, importa salientar que geralmente as sugestões técnicas são consideradas.

A intervenção do Serviço Social no judiciário, independentemente da Vara em que se trabalha, é marcada pela realização da perícia social, em que, por meio do estudo social — realizado através de elementos como: entrevistas sociais, visitas domiciliares, contato com a rede e discussões interdisciplinares —, apresenta em laudo social uma sugestão técnica na perspectiva social para subsidiar a decisão do magistrado.

Não realizamos o estudo social com o objetivo de construir provas, porém, é assim que ele é entendido na peça processual, em qualquer Vara, comarca ou processo.

Como a realidade é dialética e complexa, não somente assume mas necessita de diferentes perspectivas de análise. Daí a importância da interdisciplinaridade, que é colocada como desafio, tendo em vista a necessidade do posicionamento consolidado e assertivo no campo social e na necessária abertura para o diálogo com a Psicologia e com o Direito — campos mais próximos de interação nesse contexto.

Não se faz interdisciplinaridade sem desconfortos, o que não significa que também não gere satisfações, na medida em que se realizam diferentes aproximações ao objeto estudado. Objeto esse que se traduz em subsídios para decisões de suma importância na vida concreta de homens, mulheres, crianças, jovens, idosos e deficientes.

Se a interdisciplinaridade se coloca como possibilidade mais assertiva para ampliação de perspectivas de conhecimento, contrapondo-se à fragmentação histórica que se vive, parece ser a alternativa que melhor atende à necessidade profissional e humana posta para o campo profissional. E o que o Serviço Social pode oferecer nesse campo? Perspectiva e atuação com direção social, ética, foco na liberdade como essência humana.

Referências

ABEPSS. Formação do assistente social no Brasil e a consolidação do projeto ético-político. *Revista Serviço Social e Sociedade*. São Paulo, ano 24, n. 79, 2004.

BARROCO, Maria Lucia Silva. *Ética e Serviço Social*: fundamentos ontológicos. 6. ed. São Paulo: Cortez, 2008.

BEHRING, Elaine R. *Brasil em contra-reforma*: desestruturação do Estado e perda de direitos. São Paulo: Cortez, 2003.

______ et al. (Orgs.). *Financeirização, fundo público e política social*. São Paulo: Cortez, 2012.

BEHRING, Elaine R. et al. (Orgs.). *Capitalismo em crise, política social e direitos*. São Paulo: Cortez, 2011.

CADERNOS ABEPSS. *A produção do conhecimento e o Serviço Social*. São Paulo: Cortez, n. 5, 1992.

CARVALHO, Fabiana A. O Serviço Social e a interdisciplinaridade. *Revista Diálogos*, v. 18, n. 1, p. 74-79, 2012. Disponível em: <http://portalrevistas.ucb.br/index.php/RDL/article/viewArticle/39152>. Acesso em: 20 out. 2018.

FÁVERO, E. T. O Estudo Social: fundamentos e particularidades de sua construção na Área Judiciária. In: CFESS (Org.). *O Estudo Social em perícias, laudos e pareceres técnicos*: debates atuais no Judiciário, no Penitenciário e na Previdência Social. 3. ed. São Paulo: Cortez, 2004.

FÁVERO, Eunice Teresinha; MELÃO, Magda Jorge Ribeiro; JORGE, Maria Rachel Tolosa (Orgs.). *O Serviço Social e a Psicologia no Judiciário*: construindo saberes, conquistando direitos. 2. ed. São Paulo: Cortez, 2005.

IAMAMOTO, Marilda Villela. *Serviço Social na contemporaneidade*. São Paulo: Cortez, 2000.

______. *Serviço Social em tempo de capital fetiche*: capital financeiro, trabalho e questão social. 2. ed. São Paulo: Cortez, 2008.

MARTINELLI, Maria Lúcia et al. *O uno e o múltiplo nas relações entre as áreas do saber*. 3. ed. São Paulo: Cortez, 2001.

MARX, Karl. Processo de Trabalho e Processo de Produzir Mais-valia. In: ______. *O Capital*. 5. ed. Rio de Janeiro: Civilização Brasileira, 1980, p. 201-223.

MARX, Karl. Prefácio da 1ª e Posfácio da 2ª Edição. In: ______. *O Capital*. Rio de Janeiro: Civilização Brasileira, 1998.

MÉSZÁROS, István. *Para além do capital*: rumo a uma teoria da transição. Tradução de Paulo Cezar Castanheira, Sérgio Lessa. São Paulo: Boitempo, 2011.

______. Marx, nosso contemporâneo e seu conceito de globalização. In: ANTUNES, Ricardo (Org.). *Riqueza e miséria do trabalho no Brasil III*. São Paulo: Boitempo, 2014.

MIOTO, Regina Célia Tamaso; CAMPOS, Marta Silva; CARLOTO, Cássia Maria. *Familismo, direitos e cidadania*: contradições da política social. São Paulo: Cortez, 2015.

MONTAÑO, Carlos; DURIGUETTO, Maria Lucia. *Estado, classe e movimento social*. São Paulo: Cortez, 2010. (Biblioteca Básica de Serviço Social; v. 5).

MOTA, Ana Elizabete. Crise contemporânea e as transformações na produção capitalista. In: CFESS/ABEPSS. *Serviço Social*: direitos sociais e competências profissionais. Brasília: CFESS/ABEPSS, 2009.

SALVADOR, Evilásio. *Fundo público e seguridade social no Brasil*. São Paulo: Cortez, 2010.

SILVA, Maria Izabel da; SILVA, José Fernando Siqueira da. A apropriação da categoria trabalho pelo Serviço Social: elementos para o debate. In: XIV Congresso Brasileiro de Assistentes Sociais, 2013, Águas de Lindoia. Anais... São Paulo: ABEPSS/CFESS/CRESS/ENESSO, 2013.

YAZBEK, Maria Carmelita. Terceiro Setor e despolitização. *Revista Inscrita*, Brasília, v. 6, n. 1, p. 13-19, 2000.

Sobre os Autores

ANTÔNIO JOAQUIM SEVERINO Professor titular, aposentado, de Filosofia da Educação na Faculdade de Educação da USP. Licenciatura e Mestrado em Filosofia na Universidade Católica de Louvain, Bélgica. Doutorado pela Pontifícia Universidade Católica de São Paulo (PUC-SP). Livre-Docência em Filosofia da Educação pela Universidade de São Paulo (USP). Atualmente integra o corpo docente do Programa de Pós-Graduação em Educação da Uninove, Universidade Nove de Julho, de São Paulo, onde lidera o Grupo de Pesquisa e Estudo em Filosofia da Educação (Grupefe). Dentre suas publicações, destacam-se *Metodologia do trabalho científico* (Cortez, 2018; 24. ed.); *Educação, ideologia e contraideologia* (EPU, 1986); *Filosofia da Educação* (FTD, 1995; 2. ed. 1998); *A filosofia contemporânea no Brasil: conhecimento, política e educação* (Vozes, 1999), *Filosofia na formação universitária* (Arte Livros, 2011), *Ensinar e aprender com pesquisa no ensino médio* (Cortez, 2012, com Estêvão Santos Severino).

CAMILLA MARCONDES MASSARO Doutorado pelo Programa de Pós-graduação em Ciências Sociais pela Universidade Estadual Paulista (Unesp), campus Araraquara. Mestrado pelo Programa de Pós-graduação em Educação Escolar da Unesp. Graduação em Ciências Sociais — Licenciatura Plena e Bacharelado, pela mesma universidade. Autora do livro: *Entre o formal e o real: representações acerca do modelo disciplinar da Fundação CASA de Araraquara* (Annablume, 2012). Atualmente é professora da Pontifícia Universidade Católica de Campinas (PUC-Campinas). Atua nas áreas de Sociologia, com ênfase em estudos sobre o neodesenvolvimentismo e a precarização do trabalho hoje; sistema prisional; trabalho penal; e de Educação, com interesse em Educação em Direitos Humanos e Ensino de Sociologia.

EDNA MARIA GOULART JOAZEIRO Pós-doutorado em Serviço Social pelo Programa de Estudos Pós-Graduados da PUC-São Paulo. Doutorado e Mestrado em Educação pela Universidade Estadual de Campinas (Unicamp). Graduação em Serviço Social pela PUC-Campinas e em Ciências Sociais pelo Instituto de Filosofia e Ciências Humanas da Unicamp. Docente do Departamento de Serviço Social e do Programa de Pós-Graduação em Políticas Públicas da Universidade Federal do Piauí (UFPI). Atualmente é Chefe do Departamento de Serviço Social da UFPI. Editora científica do periódico *Serviço Social & Saúde* do Portal de Periódicos Eletrônicos Científicos da Unicamp. Autora dos livros *Estágio Supervisionado: experiência e conhecimento* (ESETec, 2002), *Supervisão de Estágio: formação, saberes, temporalidades* (ESETec, 2008) e *Supervisão Acadêmica e de Campo: relação entre saberes* (EDUFIP, 2018).

FABIANA APARECIDA DE CARVALHO Pós-doutoranda em Serviço Social na Pontifícia Universidade Católica de São Paulo (PUC-SP). Doutorado em Serviço Social pela PUC-SP. Pesquisadora Bolsista CAPES (integral até jan./2014). Mestrado em Educação pela Universidade Estadual Paulista (UNESP). Graduação em Serviço Social pela Universidade Estadual Paulista Júlio de Mesquita Filho (2001). Assistente Social do Tribunal de Justiça de São Paulo. Docente da Pontifícia Universidade Católica de Campinas e Supervisora de Equipes da Assistência Social.

JANE APARECIDA GIORGETTI VALENTE Doutorado e Mestrado em Serviço Social pela Pontifícia Universidade Católica de São Paulo (PUC-SP). Foi coordenadora durante sete anos do Serviço SAPECA, que há 21 anos atua no Acolhimento Familiar de Crianças e Adolescentes. Membro do Movimento Nacional Pró-Convivência Familiar e Comunitária. Consultora da Rede Latino-americana de Acolhimento Familiar (Relaf). Secretária Municipal de Assistência Social e Segurança Alimentar da Prefeitura de Campinas (2013-2017). Curso de Liderança Executiva pela Primeira Infância (Harvard, 2017). Coordenadora do Plano Municipal pela Primeira Infância, Campinas. Autora do livro *Família acolhedora: as relações de cuidado e de proteção no serviço de acolhimento* (Paulus, 2014).

JEANETE LIASCH MARTINS DE SÁ Doutorado em Serviço Social pela Pontifícia Universidade Católica de São Paulo (PUC-SP). Mestrado em Filosofia da Educação pela PUC-Campinas, Especialista em Gerontologia pela SBGG. Professora Universitária na PUC-Campinas — Faculdade de Serviço Social desde 1975. Foi diretora da Faculdade de Serviço Social por duas gestões (1987-1990), (2010-2013), professora visitante na Unicamp, Mestrado e Doutorado em Gerontologia (1999). Professora no Mestrado em Educação no Centro Universitário Adventista de São Paulo (2001-2005). É autora de livros, com várias edições e artigos publicados em revistas acadêmico-científicas, voltados para: serviço social e educação social, serviço social e interdisciplinaridade, serviço social, conhecimento e currículo, universidade da terceira idade, gerontologia social, idoso e educação permanente.

MARIA VIRGINIA RIGHETTI FERNANDES CAMILO Doutorado em Educação pela Universidade de Campinas (Unicamp). Mestrado em Serviço Social pela Pontifícia Universidade Católica de São Paulo (PUC-SP), Graduação em Serviço Social pela Pontifícia Universidade Católica de Campinas (PUC-Campinas). Especialista em Saúde Pública pela Unicamp. Docente da Faculdade de Serviço Social da PUC-Campinas, ocupando o cargo de direção do curso. Foi membro da direção da ABEPSS Regional SUL II. Editora da *Revista Serviço Social & Saúde*, da Unicamp (2002-2007). Desenvolve estudos no campo das políticas públicas de saúde, assistência social, sistema prisional, direitos humanos, sustentabilidade. Participa de bancas examinadoras de concursos públicos, graduação, mestrados e doutorados, além de organização de eventos, apresentação de trabalhos e artigos publicados nas áreas de saúde, assistência social, velhice, formação profissional.